発見と気づきをもたらす
商品研究

KANBARA Satoshi
神原 理
［著］

ミネルヴァ書房

は じ め に

　本書の目的は，「豊かな社会」において，「自明の存在」のようになっている商品に焦点をあて，その社会・経済的役割（存在意義）を踏まえながら，商品研究の様々な実践的アプローチ（分析視点や研究手法）について論じていくことにある。

　現在の日本が，物質的に「豊かな社会」であることは，論じる必要もないだろう。スーパーマーケットやコンビニエンスストアの店頭には，あふれんばかりの食料品が並び，常に新商品や旬の食品が提供されている。ファストファッションの店舗では，最新のファッション商品が大量に並べられ，割安な価格で提供されている。通信環境は整備され，必要なときには必要な人と様々な手法でコミュニケーションをとることができる。

　こうした商品（サービス）の存在は，あまりにも身近で当たり前のことのように思われているが，商品なくしては日々の生活や生命の維持すらままならない現代社会のありようや，そこで商品が果たしている社会・経済的な役割について，じっくりと調べたり考えたりする機会は滅多にない。商品は，どのような経緯を経て製造・販売されており，商品をとおして人々はどのような生活を営んでいるのか，意識的に考えれば，日常生活の様々な側面が見えてくるとともに，様々な疑問や課題も浮かび上がってくる。

　家電品や自動車などの工業品は，程度の差こそあれ，どの企業の商品も一定レベル以上の品質（機能・性能）を有しているが，それは決して当たり前のことではない。原材料の生産から，企画・開発，製造・加工，販売，リサイクル・廃棄に至る様々なプロセスにおける様々な人々の努力によって，こうした商品の品質は実現されている。人々は，外食サービスをとおして，世界中から集められた食材を味わったり，食事のひととき（時間と空間）を楽しんだりし

ている。通信サービスの進展によって，様々な情報収集と発信，取引決済など
が可能になり，日頃の人間関係や取引関係も即時的に形成・維持できるように
なった。こうした生活を営むことができるのは，決して当たり前のことではな
い。

　他方，人々は，誰もが等しく消費者主体として商取引（市場）に参加でき，
対価を支払えば，それに等しいだけの商品（価値）が即座に得られると考えて
いる。しかし，どのような商品をどれだけ手に入れ，そこからどのような価値
を引き出すかについては，誰にでも均等に機会が与えられている訳でもなけれ
ば，均等な能力や権利を与えられている訳でもない。また，「お金さえあれば，
欲しいものがおおよそ手に入る」という「貨幣がもたらす全能感」は，初期条
件として当たり前に存在しているものでもなく，その結果も等しく得られる訳
ではない。商品や商取引に関するこうした一般的な認識について，それ自体の
真偽や妥当性が問われることは滅多にない。

　このような現状認識のもと，本書では，「日常の自明」のようになっている
商品の社会・経済的役割を踏まえながら，商品研究の実践的手法について論じ
ていく。

本書の概要

　本書では，商品コンセプト，デザイン，パッケージ，ラベルなど，商品の
様々な側面を取り上げ，それらに関する基礎的概念や研究アプローチをとおし
て得られる知見や現代社会の課題などを示した上で，商品研究の実践的な手法
を提示していく。各章の概要は，以下のとおりである。

序章　商品とは何か

　この章では，商品の概念について論じるとともに，商品化社会，豊かな社会
の商品問題という視点から，商品の社会・経済的役割や，現代社会における矛
盾と不均衡について考えていく。

第Ⅰ部 商品研究における基礎的概念

ここでは，商品研究に関する基礎的な概念や研究視点（論点や問題意識）を提示しながら，商品研究の様々なアプローチについて論じていく。

第1章 商品コンセプト

ここでは，企業が提案する商品コンセプトや店舗コンセプトの概念とマネジメント手法について論じるとともに，コンセプトのアイデア発想法を提示していく。

第2章 商品のデザインとパッケージ

ここでは，ユニバーサルデザイン（UD）を中心に，デザインの概念と役割について論じた上で，UD や生活上の障害（バリア）に関する調査法を提示していく。そして，デザインの表現形であるパッケージの役割について考えていく。

第3章 商品の規格・標準

この章では，文明社会の基盤である規格・標準の概念，及び，その普及プロセスについて，市場競争における普及特性という点と，公益性と社会構想という点から論じていく。

第4章 商品のラベル

ここでは，様々な商品ラベルの種類や特徴とともに，商品ラベルがもつ取引の公平性と市場の安定化という役割について論じていく。

第5章 商品企画とアイデア発想法

この章では，商品企画の基本的手法を概観した上で，商品企画における様々なアイデア発想法を提示していく。

第Ⅱ部 商品研究の実践的手法

ここでは，実践的な商品研究の手法（商品評価法）をとおして，商品を取り巻く現代社会の課題について論じていく。

第6章 商品評価の意義

ここでは，商品評価の概念と意義について，史的変遷を踏まえながら概観し，現代社会における商品評価の諸特性について論じていく。

第7章　商品評価の対象と手法

　この章では，食品をとおして商品評価の基礎的な手法について論じていくとともに，食品評価における「おいしさ」の概念について考察していく。

第8章　五感にもとづく官能評価法

　この章では，味覚や嗅覚といった人間の感覚機能を用いた官能評価法について，食品の分析事例をとおして論じていく。

第9章　商品評価の実践

　ここでは，十分な施設や専門的知見をもたない一般の消費者でも，日常生活のなかで実践できる商品評価法について，コーヒーの味変テストをとおして論じていく。

第10章　エコグッズの評価手法

　ここでは，エコグッズの商品特性（ジレンマ）を踏まえた上で，エコストローを例に挙げながら，エコグッズの評価手法について論じていく。

第11章　商品評価のための市場調査

　この章では，社会的なメッセージ性の高いフェアトレード商品を例に挙げ，市場調査をとおして得られる商品情報にもとづいて商品を評価していく手法について論じていく。

終章　新たな商品研究に向けて

　この章では，編み目のように，あるいは蜘蛛の巣のようにつながっている商品と社会との関係について，垂直的／水平的な視点から，新たな商品研究に向けた試論を展開していく。

演繹的思考のススメ

　本書は，日常生活の様々な場面で実践的な商品研究に取り組むことができる「商品研究ハンドブック」として活用できるよう意図しており，そこが本書の特徴となる。本書で提示する様々な概念や研究手法を読者の日常生活にあてはめてみた場合，どのような発見や気づきが得られるのか，という「演繹的かつ実践的な思考方法」を習得できるような設計である。

図 0-1 演繹法と帰納法

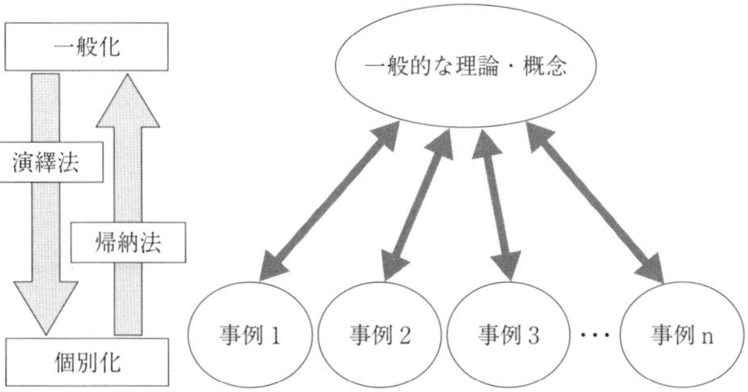

（出所）筆者作成

　演繹的とは，既存の理論や概念，一般的な法則性といった抽象的な概念を個別の具体的な事例（事象）にあてはめながら，その妥当性を検証していく思考方法をいう。逆に，個別の事例から一般的な法則性を見出していくことを帰納法という。学術的（アカデミック）な思考のひとつは，こうした「具体と抽象」を行き来する往復的な思考をいう。抽象的な理論や概念を抽象的なレベルでの理解に留めるのではなく，抽象を具体に落とす（Down to Earth）ことで，より実感のともなう思考を実践することができる。こうした思考のプロセスは，**図0-1**のように表すことができる。

　本書で示す様々な概念や研究手法を自身の生活場面に応用すれば，商品や商取引に関する傾向や特徴，一般的課題や問題意識など，様々な知見を導き出すことができる。例えば，外食サービスにおいて，店舗コンセプトや規格・標準，ユニバーサルデザインは，抽象的で一般的な概念であり，各社がこれらをどのように実践しているかを調べ，共通のパターンや問題点，一般的な概念の妥当性などを検討していくことで，演繹的思考を実践することができる。

　商品研究のみならず，どれだけ様々な理論や概念を学ぼうとも，具体と抽象を行き来する往復的な思考を実践しなければ，単に，解ったような気になって終わる可能性が高い。試行錯誤を繰り返し，ようやく自分なりの「解」に辿り着いたときに，初めて気づくことがある。それが「学びの本質」であり，その労力を厭わない姿勢こそが重要である。

最後に，本書の出版を辛抱強く気長に見守って下さったミネルヴァ書房の本田康広さまに，この場を借りてお礼を申し上げたい。また，本書で示した調査や実験に，文句ひとつ言わず，和気あいあいと楽しそうに協力してくれたゼミ生のみなさんにもお礼を述べたい。そして，エコグッズやフェアトレードといったソーシャルビジネスに関して，様々な研究機会やアドバイスを下さった実務家の方々，学術的な議論をとおして刺激を与えてくれた研究仲間や同僚に，心からお礼を申し上げます。

2023年12月

神　原　　　理

発見と気づきをもたらす
商品研究

目　次

はじめに

第Ⅱ部　商品研究の実践的手法

序　章

商品とは何か

この章では，商品の概念と，商品をとおした現代社会（商品と商取引）の現状と課題について論じていく。特に，日常生活に必要なあらゆるものが商品化されている現代社会の諸特性と商品の役割，及び商品研究における問題意識について考察していく。

キーワード：便益の束　触知可能性／触知不可能性　探索財・経験財・信頼財　商品化社会

1　商品の概念

(1)　商品とは何か

　商品とは「市場における取引対象」[1]である。ここでいう市場とは，商取引（商品の売買）が行われる場所をいう。ショッピングモールや卸売市場は，リアルな市場であり，インターネットの通販サイトやフリマサイトは，バーチャルな市場である。こうした市場で，代金と引き替えられる取引対象が商品である。したがって，理屈の上では，市場で取引（売買）されているものすべてが商品となる。しかし，そこには様々な社会・文化（倫理）的制約があるため，実際の研究対象は，取引対象として世間一般に認められているもの（モノやサービス）に限定される。つまり，商品が商品であるためには，市場や代金だけでなく，社会的な支持（評価）も重要な成立要件となる。

　商品を購入するとき，程度の差こそあれモノとサービスの両方を購入・利用していることから，商品は「モノとサービスからなる諸属性の複合体」といえる。食品や家電品を購入するとき，モノ（物体）だけでなく，接客や販売，配

送，ポイント還元やアフターサービスといったサービス（企業の行為）も利用している。レストランで食事をするときは，料理だけでなく，店の雰囲気や接客などのサービスも利用している。スマートフォンでゲームをしたり動画を見たりするときは，情報（コンテンツ）が商品となる。家や車を借りるときは，レンタルやリースに関する権利（使用権・利用権）が商品となる。

　こうした商品の諸属性は，様々な機能や性能，効果を果たしていることから，商品は，様々な満足を引き出すことのできる「便益の束（Bundle of benefit）」とも言われている。これは，「本質的便益＋補助的・付加的便益」の構図になっており，家電品の場合，機能や性能が本質的便益となり，販売時の接客やアフターサービスなどが補助的・付加的便益となる。

　つまり，商品とは，店内で目にするモノ（物体）だけが商品ではない。消費者にとっての商品とは，消費者の必要や欲求に満足を与えるものであり，対価を支払って購入する欲求充足のための手段といえる。したがって，消費者を惹きつけるものは，商品の色・柄，デザイン，包装・パッケージ，価格，ブランドといった具体的な要素だけでなく，商品から想起される考え（アイデア，コンセプト）や，そこから得られる満足（効用）も含まれており，それらに対して，お金を払って購入している。他方，企業にとっては，組織の存続と発展を担う収益源であり，社会的評価を得るための手段でもある。

　我々は，商品をとおして様々な「満足／不満足（効用／費用）」を得ている。映画や音楽からは，ストーリーや演技，メロディーや歌詞をとおして，楽しい気分も悲しい気分も得られる。ときには，期待ハズレでガッカリしたり後悔したりする気持ちも得られる。家電製品や自動車を購入すれば，その便利さや快適さと引き替えに，電気代やガソリン代，修繕費や保険料といった維持費（コスト）を負担する。観光サービスからは，旅先での様々な体験（正負の体験）が得られる。スポーツや音楽（スポーツ用品や楽器など）をとおして，自身の可能性を高めることもできるし，限界を知ることもできる。学校や塾などの教育サービスからは，様々な知識や経験を得ることの喜びと成長が得られるかも知れないが，学ぶことの苦しみや挫折を経験するかも知れない。特急電車や飛行

機に乗れば，効率的な空間移動（時間短縮）による快適さとともに，他の交通手段で要していた時間を自由な時間に振り分けられるという，時間の管理（タイムマネジメント）をすることもできる。つまり，交通サービスという商品をとおして，「時間の使い方＝生活の仕方」と，そこから得られる満足／不満足を得ていることになる。

　また，我々は，商品をとおして直接的・間接的に様々な満足／不満足を得ている。衣類は，暑さ寒さをしのぐだけでなく，自身のファッションセンスの表現と，それに対する周囲の評価，即ち自己表現と社会的評価をとおした満足も得ている。場合によっては，自身のファッションセンスに対する周囲の悪評（不満足）も得られる。被災した地域の農林水産物を買うことで，食品のおいしさだけでなく，被災地に社会貢献（被災者を支援）している自分への満足感（正義感）も得ている。同時に，「被災地の支援を金だけで済ませる人」という評価（不満足）も得られるかも知れない。このとき，どちらが直接的・間接的か，一次的・二次的かは，ひとりひとりの価値観や，その場のコンテクスト（文脈や状況）によって変わる。

　商品から得られるのは，「個人的・主観的な満足／不満足」だけではない。エアコンや自動車，プラスチック製品の使用をとおして，便利さや快適さといった満足を得る一方，「環境負荷（コスト）」という社会全体に対する不満足（負の効用）も発生させている。エコグッズをとおして，我々は，こうした社会的費用の削減を実現しようとしている。マイバッグ（エコバッグ）の利用は，環境保全という社会的な満足のために，常にバッグを持ち歩くことの面倒臭さ（個人的な不満足）を負担していることになる。

⑵　触知可能性と触知不可能性

　商品は，諸属性の複合体であるが，大別すると「モノ（物体＝有形性，触知可能性：Tangibles）とサービス（行為＝無形性，触知不可能性：Intangibles）」とで構成されている（図序 - 1）。モノは，それ自体に触れる（味わう）などして内容を把握したり，品質や価値の判断を行ったりすることができる（触知可能：Tangi-

3

図序-1　モノとサービスの関係

（出所）筆者作成

ble）。そのため，こうした物理的な実体のあるモノを「有形財（Tangibles, Tangible Goods）」という。調理や接客といったサービス（行為）は店員の体や制服に触れても，その内容や品質特性を知ることはできない（触知不可能：Intangible）。こうした実体のないサービスを「無形財（Intangibles, Intangible Goods）」という。調理の技術はその成果として現れる料理（モノ）を味わうことで，接客の技能は彼らの行為を受け取りながら観察することで，消費者は品質を評価している。

　消費者は，商品から想起される考え（アイデア，コンセプト）や，そこから得られる満足に対しても対価を支払っているが，その効果を発揮するためには，「モノ（有形性，物理的特性）」が重要な役割を果たしている。商品の色や柄は，消費者の嗜好を表現しており，デザインは機能特性を表現している。これらの商品属性は，購買を動機づけるとともに，人間の知覚（商品機能の理解や満足）に直結していることから，自らの購買行動の確認にもつながる。デザインは，他社製品との識別手段にもなり，他者への表示機能（センスやステイタスの表示）も有している。

　モノとサービスは，それぞれのウエイト（重要度）の違いによって，一般的に「商品（モノ）」と「サービス」とに区別されている。自動車や家電品の中核は，一定レベルの機能や性能を安定的に発揮することであり，そこに配送やアフターサービスなどが付随している。レストランでは，「調理」という行為が中核となっており，その成果（アウトプット）としての料理と，接客や店の雰囲気といった要素が付随しているので，外食サービスという。スーパーやコ

ンビニでは，様々な国や地域から魅力的な商品を仕入れて並べる「品揃え」という行為が中核になっており，そこに接客や売り場づくりといった要素が付随しているので小売サービスという。つまり，商品（モノ）の場合は，それがもつ機能や性能が本質的な要素であり，サービスでは売り手の行為が本質的（決定的）な要素となっているため，両者は区別されている。

　さらに，モノとサービスとでは品質評価の難易度に違いがある。[2]衣料品や家具，家電品などの場合，触れて知ることができる性質，即ち触知可能性（物理的特性：Tangibility）が高いので，消費者は手に取ったり試着・試用したりするなど商品特性を探索しながら購入前にある程度品質を把握することができる。こうした商品を探索財（Search Goods）という。しかし，レストランやレジャーなどのサービスは，触れて知ることができない性質，即ち触知不可能性（非物質的特性・無形性：Intangibility）が高く，実際に購入して経験してみなければ品質を把握することができないため，経験財（Experience Goods）という。教育や医療サービスはさらに品質評価が難しく，専門的知識がなければ購入後も品質や価値を理解できないため，サービス提供者（教師や医師）の権威や評判を拠り所にして信頼するしかないことから，信頼財（Credence Goods）という。このように，サービスがもつ触知不可能性が高くなるほど，品質評価は難しくなってくる。

　モノとサービスとの本質的な違いについて，触知可能性と触知不可能性，及びそれにともなう品質評価の難易度を基準にして商品を分類したのが**図序 - 2**である。衣料品や家具，家電品，自動車などは触知可能性が高いウェイトを占めているため，図の左上（第2象限）に位置している。外食サービスには，料理やメニュー，内装や外装といった有形財（モノ，Tangibles）が多く含まれており，触知可能性が他のサービスよりも高いことから，図の中心部に位置している。旅行サービスや理容・美容サービス，教育サービスは触知不可能性が高いことから，図の右下（第4象限）に位置している。

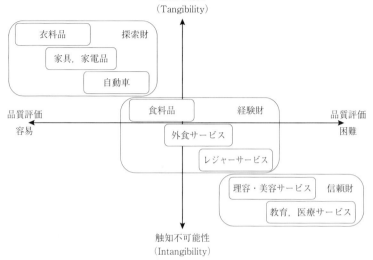

図序-2 触知可能性と不可能性，及び品質評価の難易度を基準にした商品分類

触知可能性
（Tangibility）

衣料品　　　探索財
家具，家電品
自動車

品質評価
容易

食料品　　　経験財
外食サービス
レジャーサービス

品質評価
困難

理容・美容サービス　信頼財
教育，医療サービス

触知不可能性
（Intangibility）

（出所）神原（2019）『サービス・マーケティング概論』

図序-3　商品の構図

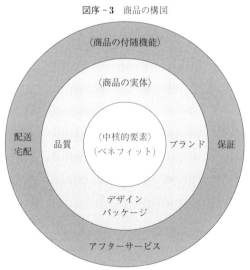

〈商品の付随機能〉
〈商品の実体〉
配送
宅配
品質
〈中核的要素〉
（ベネフィット）
ブランド
保証
デザイン
パッケージ
アフターサービス

（出所）Philip Kotler（2022）『コトラーのマーケティング入門』（丸善出版）をもとに
　　　筆者作成

6

⑶　商品の構図

　商品がもつ様々な要素は，①中核的要素（Core Product），②商品の実体（Actual Product）③商品の付随機能（Augmented Product）に分けることができる（**図序-3**）。中核的要素とは，自動車であれば快適な空間移動という，商品がもたらす中核的な便益（Benefit）をいう。商品の実体とは，デザイン，ブランド，パッケージ，品質水準といった商品特性を構成する様々な物理的要素をいう。付随機能とは，品質保証やアフターサービスといった商品の魅力を高める付加的要素をさす。

　外食サービスの場合，調理サービスをとおした「食事（料理を楽しむ）の時間と空間」が中核的要素となり，料理それ自体やメニュー，テーブルウエア，接客や店の雰囲気などが商品の実体，宅配サービスや営業時間などが周辺要素になる。医療サービスの場合，診察，検査，治療，看護といった，「ケガや疾病の治療」に関わるサービスの組合せが中核的要素となっており，医療器具や検査機器，カルテや薬が商品の実体，病院の往診サービスやアメニティスペース（カフェや庭園などの想いの空間）づくりなどが付加的要素となる。

　スポーツの試合やコンサート，演劇といった「興行サービス（ショー・ビジネス）」では，ミュージシャンや俳優，スポーツ選手による高度で専門的な技能（演技や演奏，プレー）や，魅力的な容姿や立居振舞いを「見せること」，即ち「パフォーマンス（performance）：見られることを意識して行われる身体の動作と表現，見世物としての行為」が中核的な要素となっている。そこに，劇場やスタジアムの内外装，音響や照明セットなどが実体として機能しており，それらの経済的価値がチケットの代金として表示（評価）されている。

2　商品化社会——現代社会の構図

⑴　商品化社会とは

　市場経済が発展した現代社会では，生活手段のほとんどが商品化されている。市場経済とは，市場を通じた商品やサービスの取引が各経済主体（政府，企業，

消費者）の自由意思に委ねられており，これによって最適な資源配分を図って
いく経済の仕組みである。市場経済の発展とともに，分業も発達していった。
それは，生活に必要なあらゆるものを自分で製造・調達しなくても，商品とし
て購入すれば済む便利な社会である。日々の食料を確保するために農業をする
必要はなく，商品として販売されている食品を購入すればよい。既製服を購入
すれば，自分で糸から布地をつくり衣類を仕立てる必要もない。他方，人々は，
それぞれの仕事（職業）をとおして何らかの商品を生産・販売することで収入
を得ている。自らの労働力を商品化することで収入を得る一方，そこから様々
な商品を購入することで日々の生活を営んでいる。つまり我々は，日々，商品
をとおして生活問題の解決（生命の維持）を図っている。

　現代社会を生きる者にとって，商品（商取引）なしに日々の生活を営むこと
は不可能に近い。現代社会では，日常生活に必要なあらゆるものが商品として
提供されており，それらを購入するお金（収入）がなければ，時として生命の
危機に至ることさえある。

　衣食住といった生活基盤だけでなく，生活をより充実させるためにも商品は
重要な役割を果たしている。我々は，人間関係を維持・形成するために，通話
料（代金）を支払って通信サービスを利用している。非日常的な時間や空間を
求めてレジャー・サービスを利用している。ときに，無駄や贅沢とも思えるよ
うな買い物をすることで，ストレスを発散したり満足感を得たりしている。人
間としての生命維持という点からみれば不要な消費であっても，消費者にとっ
ては生活に必要な問題解決の手段として，そうした商品を購入する十分な必然
性がある。

　このように，日常生活に必要なあらゆるものが商品として売買されており，
そうした商品の取引なくしては生活のできない社会を「商品化社会」という。
言い換えれば，商品の売買（市場取引）が日常生活の基盤として極めて重要な
ウェイトを占めている社会，即ち「取引社会」である。商品化社会では，人々
は様々な生活問題を解決し欲求を満たすために，商品の生産や消費に関わって
いる。身の回りのあらゆる生活手段が商品として提供されており，代金を支払

いさえすれば生活上の諸問題は容易に解決可能ではあるが，反面，そうした便利さと引き換えに，商品を消費せずには生活問題が解決できない。商品化の進展によって，様々な商品が大量に普及し，豊かな社会になった反面，商品によって生活行動を左右される（ときに縛られる）ような社会へと変化していった。それが現代の消費社会の姿である。

(2)　商品の市場性と価値

　商品化社会では，何よりも「市場性（Marketability）」が重視される。ここでいう市場性とは，多くの買い手（消費者）にとって，購買意欲を掻き立てるだけの魅力（期待に合致した特性）を有していることをいう。商品化社会では，様々なモノや人々の行為が，「市場性」にもとづいて評価（値踏み）される。多くの買い手からの支持率の高さは，売れる見込みが高く，儲かる可能性が高いことを意味する。

　商品は，市場性が高く，かつ高く売れるほど，価値あるものとみなされる。逆に，売れない（値段がつかない）ものは価値が低いものとみなされる。価値とは，「使用価値（Value in Use）」と「交換価値（Value in Exchange）」から成る。使用価値とは，商品として人々の欲求を満たすだけの有用性（機能・性能，効果・効能）をさす。交換価値とは，ある商品と他の商品との交換比率をいい，市場価格として表される。我々は，意識的・無意識的に，この基準に則って，身の回りの様々なモノや，人々の行為を評価している。

　では，市場性が低いモノは本当に価値がないのだろうか。色や形の悪い野菜や果物は，見栄えのよい野菜や果物と比べて風味が変わらないとしても，「売れないもの」として市場に提供されることなく，ときに廃棄されることもある。食品として人々の欲求を満たすだけの有用性，即ち「使用価値」を有しているにも関わらず，見栄えによって市場価格，即ち「交換価値」は低くなる。人々の行為に対しても同様のことが指摘できる。ミュージシャンは，歌や演奏が上手いからといって，みなが売れる訳ではない。しかし，売れないミュージシャンはみな，聴衆を感動させるだけの技能が低いと言い切れるだろうか。使用価

9

値と交換価値の間には，越えられない壁（ハードル）があるのかも知れない。

⑶　社会・文化の商品化

　市場経済の発展にともなって，経済活動の範疇にはなかった社会・文化的活動が商品化され，経済活動のなかに取り込まれていく，「外部経済の内部化」が進んでいった。育児や介護は，元来，家庭や地域コミュニティ内で行われる社会・文化的活動であったが，高齢化や女性の社会進出などを背景に，育児サービスや介護サービスが普及していった。

　インターネットやスマートフォンの普及によって，我々は，日々，通信サービスをとおして家族や友人などとの社会的関係や，仕事をとおしたビジネス（取引）関係を取り結んでいる。SNS（ソーシャル・ネットワーク・サービス）をとおした情報発信や交流は，通信料を支払ってネットワーク上での自己表現や自己承認の機会や場を得ることであり，商品として通信ネットワーク上の関係性を購入していることになる。また，アプリケーションソフトを用いた人的交流の支援サービスは，アプリの使用料を対価として，ユーザー間の出会いや交際をサポートすることで，「関係性の商品化」を図っている。

　各地の神社で行われる祭礼は，本来，氏子（祭礼コミュニティ）のための伝統的神事（文化的活動）である。それが次第に知名度を高め，集客力をもつようになると，有料観覧席が設けられたり，祭礼関連の商品（土産物など）やサービス（外食，宿泊，観光など）が増加したりすることで，「祭の商品化（観光化）」が進展する。結果，地域経済に大きな影響（正の効果）をもたらす一方で，その恩恵にあずかるのは観光業や飲食業，祭礼関連の物販業者らで，祭礼に関与しない地域住民には，街の混雑，渋滞，騒音，ごみ問題，マナーの悪い観光客の存在といった観光公害（負の効果）がもたらされる。伝統的神事の過度な商品化は，こうした「資源配分の歪み」をもたらすだけでなく，地域の伝統や文化の本質が損なわれたり，伝統文化の継承や地域の紐帯に負の影響をもたらしたりする可能性もある。こうした経済と外部経済，商品化の関係は，**図序 - 4**のように示すことができる。

図序 - 4　経済と外部経済の関係

（出所）筆者作成

3　豊かな社会の商品問題

(1)　豊かさの矛盾と不均衡

　我々は，商品をとおして様々な生活上の課題を解決している。したがって，商品は，程度の差こそあれ，何らかの形で社会・経済的課題に貢献していることになる。我々の日常生活を支える衣類や食品のみならず，高齢者や障害者に配慮したユニバーサルデザインやバリアフリー商品，環境保全に配慮したエコグッズなど，商品が果たす「社会・経済的な役割」は多岐に富んでおり，それによって豊かな社会が実現されている。したがって，商品は，人々を幸せにするために生み出されることが理想といえる。特定の商品の出現によって，誰かが恒常的な満足を得て，誰かが苦難を強いられるような社会は，社会不安をもたらすだろう。世の中の人々がより平等で公平な形で「商品という財（財産）」の配分を受けられ，できるだけ等しくハッピーでいられるような社会であることが望ましい。

　しかし，現実には，市場経済の発展によって多大な恩恵，いわゆる「豊かさ」がもたらされている反面，様々な矛盾や不均衡が生じている。より多くの

人々の満足と幸福のために生産・消費されるべき商品が，時として様々な人々に，また自らにも身体的・精神的，社会・経済的不利益をもたらしている。それは，豊かさの矛盾と不均衡に大別できる。

①豊かさの矛盾

　これは，豊かな社会を追求する過程で生じる様々な矛盾や綻びをさす。モータリゼーションの進展にともなう交通事故や渋滞，大気汚染，技術革新の進展にともなう商品サイクル（寿命）の短命化・計画的陳腐化によって生じる廃棄物の増大，食品小売業や外食産業の発展にともなう食品廃棄の増加，飽食の時代における生活習慣病や過度の痩身志向，といった現象はこの典型例といえる。

②豊かさの不均衡

　これは，豊かな社会の恩恵を被る人と，そうでない人との間で大きな格差（不平等や不公平）が生じる状況をいう。具体的には，以下の現象が挙げられる。

　■ 消費の不平等

　これは，年齢，収入・資産，家族構成，身体機能（能力）など，消費者の様々な属性にもとづく不平等（消費の階層差）をさし，特定の商品群へのアクセス（利用）可能性として表れている。若者と高齢者とでは，パソコンやスマートフォンといったデジタル情報家電に対するアクセス可能性に大きな差が生じている。所得の格差は，子供が十分な教育サービスを受ける機会の格差をもたらしている。健常者と障害者とでは，商品のみならず，様々な施設や交通機関へのアクセスに差が生じている。

　技術革新の速さにともなって商品寿命は短くなり，新技術を搭載した商品が次々と登場する現代にあっては，数年前の商品知識は時代遅れになることから，今は，常に「商品（技術）の学習を強いられる時代」になっている。情報通信サービスの領域では，情報収集やコミュニケーション，ネットショッピングやキャシュレス決済など，多様なサービスを使いこなせる人々と，そうでない人々との間で「学習能力（知識や経験）による格差」が生じている。他にも，高機能家電やデジタルツール（ソフトウエア）などでも，同様の格差が生じている。

　加えて，新商品の登場にともなう「ルールの学習」も必要になっている。ス
マートフォンの普及にともなう公共空間での利用方法（マナーなど）への理解，
SNS の普及にともなうインターネット・リテラシーの学習，新たな移動手段
（モビリティ）の登場による交通ルールの理解などがこれに該当する。ここでも，
いち早くルールを学習することで，社会の変化にうまく順応できる人とそうで
ない人との間に格差が生じる。

■私益と公益の調和

　自動車の普及は，ドライバーの満足度を高める一方で，社会全体には，交通
渋滞や大気汚染をもたらしている。スマートフォンの普及は，個人の情報行動
を高める一方で，公共空間における利用マナーの問題をもたらしている。プラ
スチック製品は，消費者にとって便利な存在だが，プラごみ問題による環境汚
染をもたらしている。このように，商品をとおした「私益と公益（個人的な満
足と社会全体の満足）とのバランス」が問われるような状況が，様々な生活場面
で生じている。

(2)　豊かな社会の商品問題

　市場経済の発展は，多大な「豊かさ」をもたらしている反面，商品や商品取
引にまつわる様々な問題ももたらしている。ここでいう問題（trouble, question）
とは，上述した矛盾や不均衡だけでなく，商品や商取引に関して，何らかの解
釈や解決が必要とされるような事柄をいう。商品の流通（生産・販売・消費）プ
ロセスでは，様々な問題が生じており，それぞれに解釈や解決が求められてい
る。なかでも，商品のあり方が重要な影響要因となるような問題（事象），即
ち「商品問題」について，そのメカニズム（構造や法則性，因果関係）の解明や
解釈をとおして予測と制御（改善・解決）していくこと，つまり，「豊かな社会
における商品問題の解決」が，商品研究（商品学）の現代的な意義（目的）とい
える。

　こうした視点は，目の前にある商品（モノやサービス）だけでなく，背景にあ
る様々な経済・社会・文化的現象や課題を考慮に入れた商品研究といえる。豊

かさがもたらす矛盾や不均衡は，言い換えれば，商品という富が公平に分配されていないことを意味する。自動車の普及は，人々に便利で快適な空間移動をもたらした一方で，幹線道路や高速道路沿いの住民には，騒音や排ガスといった生活問題（環境汚染）をもたらしている。消費の不平等は，「契約自由の原則」が保障されている現代社会において，商品という富（商品がもたらす様々な機能も含めた富）にアクセスできる機会が公平でないために生じる問題である。取引当事者の自由な意思で契約を結ぶことが保障されていても，自身の経済・社会・文化的属性によって，望ましい商品が入手できないか，入手できても使いこなせない人々が少なからずいることは，公平な社会とは言い難い。公平で資源効率の高い社会を実現するため研究として，こうした商品研究の視点は重要な意義を有してる。

⑶　商品問題への取り組み
　豊かな社会の商品問題は，環境問題の場合，エコグッズのように，企業努力によって市場での解決が図られるとともに，リサイクル法（資源有効利用促進法）などをとおした行政による法的規制や，環境保全に取り組む NPO（非営利組織：Nonprofit Organization）などの非営利セクターによって取り組まれている。
　こうした取り組みに対して，消費者は，「買う／買わない」という選択的な購買行動をとることで，望ましい社会の実現に寄与することができる。環境保全に消極的な企業の商品は買わない代わりに，環境志向の企業に対しては，商品購入をとおして支援する。商品購入とは，市場における投票行動であり，購買行動をとおして意見や権利を主張する「ボイコット（boycott）」や「バイコット（Buycott）」をとおして，消費者は特定企業の支持／不支持を表明することができる。こうした動きを受けて，企業は，社会的に問題のある商品は売らないようになり，消費者との望ましい取引関係が形成されるとともに，望ましい社会の実現にも近づいていくことができる。

注

⑴　商品や市場の概念に関する詳細な議論については，参考文献に挙げている神原理
（2017）『現代商品論』「第1章 商品の概念」，及び神原理（2019）『サービス・マーケ
ティング概論』「第1章 サービス・マーケティングとは」を参照されたい。

⑵　探索財，経験財，信頼財については，Nelson, Philip (1970), "Information and Con-
sumer Behavior", *Journal of Political Economy*, Vol. 78, pp. 311-329 参照。

⑶　吉田富義（1986）『商品学──商品政策の原理』国元書房。

参考文献

神原理編著（2017）『現代商品論』白桃書房。

神原理編著（2019）『サービス・マーケティング概論』ミネルヴァ書房。

練習問題

・あなたは，身の回りの商品をとおしてどのような満足を得ているか。商品がもたらす
様々な満足を列挙しなさい。

・商品とは，事実上，「お金で買えるものすべて」を意味する。あなたがお金で買える
ものと，買えないものには何があるか。その違いはどこにあるか。

・身近な商品（サービス）をひとつ挙げて，その構成要素を図示しなさい。

・あなたが直面している「豊かな社会の商品問題」には，どのようなものがあるか。具
体的に列挙し，その解決策を考えなさい。

第 I 部

商品研究における基礎的概念

　第 I 部では商品コンセプト，デザイン，ペッケージなど，商品の様々な側面をとおして，商品研究に関する基礎的な概念や研究アプローチについて論じていく。

第1章
商品コンセプト

我々は，商品の物理的な機能や性能だけでなく，企業が提案するコンセプト（生活像や問題解決）にも魅力を感じて商品を購入している。本章では，こうした商品コンセプトや店舗コンセプトの概念，及びコンセプトのマネジメント手法について論じていく。

キーワード：商品コンセプト　店舗コンセプト　業態発想　業態開発　シーズ・プッシュ型　ニーズ・プル型

1　商品コンセプト

(1)　商品コンセプトの構図

　商品コンセプトとは，商品やサービスをとおして実現できる「コト」，商品やサービスから得られる満足や便益，望ましい生活像や問題解決をいう。我々は，商品の物理的な機能や性能だけを購入している訳ではない。商品をとおして企業が提案する生活像や問題解決にも魅力を感じて商品を購入している。企業は，商品コンセプトをとおして顧客に生活提案を行うことで，自社商品の購入を促すとともに，再購入をとおしたブランド・ロイヤルティの形成を企図している。商品コンセプトは，企業と消費者との望ましい取引関係を築くために発信されるメッセージである。

　コンセプトは，自社商品を「誰に」「いつ」「どこで」「どうやって」使うことで，どのような便益や満足，望ましい生活像や問題解決が実現できるのか，といった要素で構成される（**図1-1**）。「誰に」というターゲット層は，年齢，性別，家族構成といった人口統計的変数，ライフスタイルや価値観といった心

図1-1　商品コンセプトの構図

> **コンセプトの4W-1H構造**
>
> 商品（what）…ターゲット層（who：誰が）＋時間（when：いつ）＋場所（where：どこで）
>
> ＋
>
> 使用方法（how：どうやって）

（出所）片岡寛（1984）をもとに筆者作成[1]

理的変数などを用いて設定する。詳細は，「5章　商品企画とアイデア発想法」「1(2)　市場細分化」を参照されたい。「いつ」は，商品の購買・使用時期で，平日／休日，朝／昼／夜，夏休みや年末年始などの休暇期間，誕生日などの記念日（非日常）といった時間特性である。「どこで」は，自宅（リビング／寝室／子供部屋など），屋外（アウトドア／旅先／移動中など）といった商品を使用する場所をさす。「どうやって」は，具体的な商品の使用方法だけでなく，ひとりで（ひとりの時間を楽しむために）／家族みんなで（一家団欒の手段として），といった商品の楽しみ方もさす。

(2)　店舗コンセプトと業態発想

　外食業や小売業では，商品やサービスとともに店舗コンセプトも重要になる。店舗コンセプトの場合，ターゲット層に対して，どのような買い物の仕方や買い物の時間を過ごしてもらうかがポイントとなる。これには，「必要なときに必要なモノを割安な価格で買う（食べる）」といった安さや利便性を第一に訴求するタイプから，買い物や食事の時間をゆっくり楽しめるよう様々な工夫をした「体験型・時間消費型」の店舗コンセプトまで幅広く存在している。

　飲食店の場合，魅力的な料理（モノ）を提供するとともに，「どのような食事のひととき（時間×空間×食べ方）」を提供するか，という「業態発想」が重要になる。業態とは，商品やサービスの売り方，即ち営業形態を基準にした分類で，コンビニ，スーパー，ディスカウントストアといった分類，ファミレス，ファストフード，カフェといった分類をさす。業種とは，取り扱う商品やサー

ビスを基準にした分類で，小売業や外食業，製造業といった分類方法をいう。

　同じカフェ業態のなかでも，ネット環境や電源を整備し，仕事や勉強のしやすい静かな環境を提供している店もあれば，生演奏を聴きながら落ちついた食事のひとときを楽しむことができるカフェもある。近年では，地産地消の料理を提供したり，店内イベントをとおして地域住民が交流できる機会を設けるなど，地域の多様な人々のつながりをつくるコミュニティ・カフェが増えてきている。

　このように，様々なアイデアをもとに新しい業態を展開していくことを「業態開発」といい，既存の業種や業態を組み合わせていくのが一般的である。例えば，惣菜を販売するデリカテッセンと，カフェを組み合わせた「デリカフェ（Delicafe：Delicatessen＋Cafe）」，食品スーパーが自社の食材を活用したレストランを併設する「グローサラント（Grocerant：Grocery store＋Restaurant）」，昼はカフェで，夜は酒類とおつまみなどを提供する「カフェ居酒屋」などである。今後は，IT の進展によって，機械化・省力化・無人化された業態（店舗コンセプト）の台頭が予測される。

2　商品コンセプトとビジネスモデル

　同じ業種や業界の企業であっても，商品コンセプトが異なれば，ターゲット層も商品の提供方法も変わってくるため，自ずとビジネスモデルも異なってくる。以下では，こうした事例を検討していく。

　ファストフード業界では，世界的な規模でチェーン展開しているグローバル企業もあれば，国や地域レベルで事業展開しているローカル企業もある。グローバル企業の場合，国や地域，年齢や性別など，様々な「違い」を超えて，幅広い顧客層に支持されるよう，どこのお店でも同じ品質の料理とサービスをできるだけ提供するようにしている。これを「すべての人に」「いつでもどこでも」「おいしさ」「心地よさ」「笑顔」といった言葉を用いてコンセプトを表現している。

　このコンセプトを実現するために，食材の調達・品質管理システムや調理システムは標準化・効率化され，均質な料理が大量生産されている。各店舗はフランチャイズ方式で管理され，標準化された店舗設計のもと，サービスは機械化，マニュアル化によって均質化されている。一般的に，コンセプトの中心的なターゲットは，子供をもつファミリー層で，テレビＣＭなどでは，タレントやキャラクターを用いて好感度を高めるメディア・イメージ戦略が展開されている。

　他方，ローカル企業の場合，オーガニック志向やヘルシー志向，地産地消など，独自の理念や生活信条にもとづき，自国や地域の食文化（嗜好）に合った料理を追求することが多い。食材は，地域事業者（農林水産業者）との同士的・連帯的なつながり（相互繁栄）のもとで調達され，原価率は高い傾向にある。サービスの機械化やマニュアル化よりも，顧客との「心」の通ったサービスを重視し，料理は注文を受けてから調理する。こうした経営姿勢のもと，「つながり」「あたたかさ」「ソウルフード」といった言葉でコンセプトが表現される。グローバル企業ほど潤沢な経営資源を有していないため，一般的には，２等地や路地裏への出店戦略がとられ，大人を中心とした常連客による口コミ（SNS）をとおしたプロモーション戦略が展開されている。

　店舗コンセプトの場合，同じ業種でも，オールドビジネス／ニュービジネスによって，コンセプトとともに店舗の運営方法にも大きな違いがみられることがある。本や衣類，家電品などの中古品を売買する古物商（リサイクルショップ）の場合，オールドビジネス／ニュービジネスによって店舗コンセプトが大きく異なる。古書店の場合，歴史や文化など，特定領域の文献に精通した店主が，自身の専門的知識（鑑定力）にもとづいて品揃えや売買価格（買取・販売価格）を決める。これは，希少性や専門性にもとづく古書の品揃え（What）に対して，それに興味・関心をもつ読者（専門家やマニア）がメインターゲット（Who）となり，商店街の小規模な店舗で（Where），読者の専門的知識や収集欲を満たす（How）というコンセプトといえる。

　一方，古書チェーン店の場合，市場動向（売れ筋）を反映した幅広い品揃え

表1-1　オールドビジネスとニュービジネスの違い

コンセプト	古書店	古書チェーン店
商品	• 専門的知識にもとづく品揃え • 希少性や専門性にもとづく売買価格	• 市場動向を反映した幅広い品揃え • 定価に対する一律の売買価格
ターゲット	• 専門家やマニア	• 多様な一般読者
場所	• 商店街（狭い店舗に書籍を山積み）	• ロードサイドや中心市街地
その他特性	• 読者の専門性や収集欲に応える • 古物としての価値にもとづくビジネス	• 買い物しやすい店舗設計 • 標準化・スケール化された店舗オペレーション

（出所）筆者作成

（What）となっており，年齢やニーズなど多様な一般読者層をターゲット（Who）に，郊外のロードサイドや中心市街地など（Where）で，気軽に書籍をリユースできる（How）コンセプトになっている。書籍は，売買しやすいように，定価に対する一律の売買価格が設定されており，各店舗は，標準化・スケール化されたチェーンオペレーションで運営されているため，どこの店舗に行っても同じサービスが受けられる。両者の違いは，**表1-1**のように整理できる。

3　コンセプトのマネジメント

　先述したとおり，コンセプトは4W1Hから成るが，それぞれの要素をどうマネジメント（設定）するかで，市場での成否は大きく分かれる。以下では，コンセプトの各要素に対するマネジメント手法の例を取り上げていく。

(1)　商品（**What**）のマネジメント

　これは，商品の品質（機能・性能，効果・効能）やデザイン特性などをコンセプト化するプロセスをいい，自社が有する技術シーズを顧客ニーズへと変換する「シーズ・プッシュ型」と，顧客のニーズに応える形で技術シーズを変換する「ニーズ・プル型」に分けられる。

　最新の技術が搭載された新商品が次々と発売されるデジタル情報家電は，「シーズ・プッシュ型」の典型例といえる。スマートフォン市場では，複数の

カメラユニット，音声で操作できる機能，位置情報を共有できる機能，長時間の使用に耐えうるバッテリーなど，自社が有する最新の技術が，いかにユーザーのニーズを満たすのかを訴求すべく，各社は独自のコンセプトを策定している。腕時計型の情報通信機器の分野では，睡眠時間や運動時間を記録するフィットネス機能，心電図や心拍数を測定できるヘルスケア機能が，ユーザーの健康的なライフスタイルの習慣化に貢献するとして，「健康な未来」「健やかな毎日のため」「健康とフィットネスのパートナー」「見守り」といった言葉でコンセプトが訴求されている。

　他方，特定の健康目的（健康の維持や増進）が期待できるような機能性を表示した機能性食品の市場では，独自開発した微生物（乳酸菌やビフィズス菌など）が，現代のストレス社会に一定の効果・効能をもたらすことを各社は訴求している。「ストレス緩和」「睡眠の質の向上」「腸内環境の改善」といった言葉を用いて，ストレスフルな立場にある第一線のアスリートやアーティストを登用したプロモーションを展開している企業もあれば，「家族の健康と笑顔」[2]をキーワードに，「免疫ケア」という健康習慣の重要性を訴求する企業もある。[3]

　「ニーズ・プル型」のコンセプトとしては，ライフスタイルの変化に対応した部屋干し洗剤が挙げられる。共働き世帯や単身世帯の増加によって，忙しい朝には洗濯ができないことから，夜間に洗濯をする世帯が増えてきた。同時に，部屋干しによる洗濯物や部屋の臭いに対する悩みも増えてきたことで，洗剤メーカーは，部屋干し臭を撃退する機能をもつ洗剤を開発した。この商品では，部屋干しにともなう「イヤな臭いを防ぐ」「無臭化」「生乾き」といった言葉を用いてコンセプトを設定するとともに，「部屋干し○○○」という商品名を付けることで，顧客ニーズに適合した商品であることを訴求している。

(2)　ターゲット層（Who）のマネジメント

　これは，顧客（市場）の様々な変化を踏まえた上で，自社商品を「誰にいちばん使って欲しいのか」を決めることである。具体的には，少子高齢化といった人口構造の変化，単身世帯の増加といった家族構成の変化，情報通信機器を

活用したテレワークの普及といったライフスタイルの変化などを踏まえたターゲットの設定をいう。ワゴン車の開発では，幼い子供を抱えたヤングファミリーをターゲットとして，家族にとって「余裕のある自由な移動空間」としてのコンセプトが提示されている。⁽⁴⁾

　アパレル業界では，建設現場で働く職人たちをターゲットに，過酷な労働環境を支える機能性の高い作業服を提供してきた企業が，女性たちの「カコクな365日を，ステキに変える」⁽⁵⁾というコンセプトのもと，ターゲット層の転換を図ることで成功している。雨の日，紫外線，子供の抱っこなど，女性の日常的なライフスタイルを応援する機能性の高いファッションを割安な価格で提供することで，既存の商品（技術）を提供していたターゲット層のみならず，幅広い層にまで支持が広がっている。

⑶　時間（When）のマネジメント

　これは，商品をいつ使うか，どういう時間消費をするかといった，商品の使用時間の提案である。先述した部屋干し用の洗剤は，基本的に夜間に使用することを前提としており，昼間にできなかった洗濯を夜間に行うことで，効率的な生活時間の過ごし方（How）も提案している。同様に，「夜の間にキレイをつくる」⁽⁶⁾というコンセプトのもと，多忙な女性をターゲット（Who）に，就寝前と就寝中（When）を美容タイムに変えることで，夜の（睡眠時間）の有効活用を提案したヘアケア商品が販売されている。

　食品市場では，昼や夜に食べていた食品を朝食へと転換するケースがみられる。1980年代まで，シリアル食品は，おもに子供向けのおやつとして消費されていたが，スナック菓子から朝食へとコンセプトを転換することで，朝食市場での支持を得るようになった。⁽⁷⁾食品メーカーは，女性の社会進出が進むなか，朝食を毎朝つくることの多い女性の負担軽減とともに，家族の健康をサポートする食品として，日本人の味覚に合うシリアルを開発していった。そこでは，スナック菓子で培った技術を活用するとともに，ナッツやフルーツを入れることで，彩りや食感，味のバランスなどを調整していった。また，当初は朝食を

食べない若い女性をターゲットにしていたが，普段から朝食を食べる主婦層に変更し，美味しくて栄養価も高い健康的な食事として，ヨーグルトと一緒に食べることを提案していった。

　これは，素材を厳選し自社技術を活用した日本人向けのシリアル（What）を，昼に食べることの多いスナック菓子から朝食という時間（When）に変更するとともに，子供から家族へとターゲット層（Who）を転換し，ヨーグルトと合わせた食べ方（How）を提案するという，コンセプトの4要素のマネジメントでもある。

⑷　場所（**Where**）のマネジメント

　これは，商品の使用場面（生活シーン）の提案方法である。2020年以降，情報通信機器を活用したテレワークが進展し，自宅で仕事をするビジネスパーソンが増えた。在宅ワークの普及というライフスタイルの変化を受け，アパレルメーカーは，オン／オフ兼用で着用できるセットアップスーツを開発した。[8]パジャマの快適さとリラックス感，スーツのフォーマルなデザインを併せもった「パジャマ以上，おしゃれ未満」というコンセプトで発売したところ，幅広い世代からの支持を得ることができた。発売後は，「パジャマスーツ」というネーミングに変更し，「シーズンレス」「シーンレス」「エイジレス」というメッセージを掲げ，商品の利便性を訴求していった。

　これは，長年のスーツづくりで培ってきた技術をもとに，高い機能性を実現したセットアップスーツ（What）を，幅広い世代のビジネスパーソン（Who）に向けて，在宅ワークを中心とした日常の生活シーン（Where）で活用してもらうことを提案したコンセプトといえる。

⑸　使用方法（**How**）のマネジメント

　これは，商品の使い方や消費の仕方を提案していくことである。先のシリアルで例示したように，食品メーカーは，ヨーグルトと合わせた朝食メニューのひとつとしてシリアルの食べ方（How）を提案している。また，顧客の腸内環境

（腸内フローラ）を検査し，その結果をもとに顧客が好みの素材（食品成分）を選んで，シリアルを注文することができるプログラム（食べ方，How）も提供している。

　菓子メーカーでは，商品やパッケージに「ありがとう」「おめでとう」といったメッセージを記入したり，お気に入りの写真をパッケージデザインにできるお菓子を販売することで，商品自体（What）を変えることなく，コミュニケーションツールとしての使い方（How）を提案している[9]。そして，誕生日や結婚式といった記念行事や，周年記念などのノベルティとして活用できるよう，ウェブ上でオリジナル・デザインを作成・発注できるようにしている。

　より古典的で一般的なケースとしては，賃貸サービスが挙げられる。マンションの購入は，その所有権を得ることで自身の財産とすることだが，賃貸マンションでは，所有権は変わらないまま，部屋の使用権・利用権の移転（売買）が行われる。そして，契約期間（必要な時期）が終われば，それを解消することも継続することもできる。これは，車や自転車，音楽や映像コンテンツなどのレンタルやリース，シェアリング，サブスクリプションといったサービスも同様である。つまり，商品を購入（所有）することなく，「必要な商品を必要な期間だけ使用することができる」という，商品の使用方法（How）を提案しているサービスといえる。

4　コンセプトのアイデア発想

　これまでの議論を踏まえて，既存の商品コンセプトの一部をアレンジしたら，どのような商品ができるのか，**表1-2**を参照しながら，商品コンセプトの発想方法について考えてみる。

(1)　商品（What）
　これについては，既存の商品特性（自社技術）をどのような分野（ニーズ）に応用できるかという「シーズ・プッシュ型」の発想と，顧客（市場）のニーズ

表 1-2　コンセプトの要素

コンセプトの要素	コンセプトの内容
商品（What）	• シーズ・プッシュ型：自社技術の活用方法 • ニーズ・プル型：顧客（市場）ニーズへの対応方法
ターゲット（Who）	• 人口構造や家族構成の変化、ライフスタイルや価値観の変化
時間（When）	• 商品の使用時間や時間消費
場所（Where）	• 商品の使用場面（生活シーン）
使用方法（How）	• 商品の使い方や消費の仕方

（出所）筆者作成

や変化に適応していく「ニーズ・プル型」に分けて発想していく。デジタル情報家電や機能性食品を中心に，身の回りの商品には，どのような技術（シーズ）が応用されているか調べながら，新しい適用範囲やニーズを探ってみる。他方，近年の消費動向やライフスタイルの変化などを調べ，どのようなニーズが台頭しているか予測（仮説）を立て，それに合致するような商品特性（技術シーズ）をみつけていく。

(2)　ターゲット（**Who**）

ここでは，人口構造や家族構成の変化，ライフスタイルの変化を中心にコンセプトを考えていく。女性の社会進出にともなう共働き世帯の増加は，1980年代から続く傾向で，近年では30代を中心に就業率が上昇しつつある。女性のライフスタイルの変化を踏まえて，どのようなコンセプトが提案できるか考えてみる。上述したテレワークの普及は，自宅における仕事の仕方だけでなく，家での過ごし方，家族との過ごし方，休日の過ごし方にも影響を及ぼすことから，ワークライフバランスに貢献するようなコンセプトを考える必要がある。グローバル化にともなう外国人居住者や観光客の増加は，言語対応だけでなく，宗教や食文化への配慮をとおして，多様な商品とライフスタイルの提案につながる。多様な人種や価値観への配慮は，最終的には多様性（個性）を重んじる社会の実現につながるだろう。

　性的マイノリティへ（LGBT）への配慮は，男性用／女性用と分けられていた商品や売り場の壁を取り払い，自由に買い物ができるようになるだけでなく，性別を問わず利用できるユニセックス商品の開発にもつながり，市場の拡大が期待できる。多様な性的志向への配慮は，最終的には多様性（個性）を重んじる社会の実現につながるだろう。こうした変化を受け，アパレル通販企業では，トランスジェンダーの人たちの悩みや不安を解消する下着として「自分に合ったものを身につけよう」というコンセプトを提案している。トランスジェンダーの多くは，自分に合う下着がないという悩みを抱えていることから，様々な性や体格，見た目などの枠から解放され，「ありのまま」の自分で生きられることを同社は支援している。他にも，ジェンダーレスファッションを提案するアパレルやアクセサリーブランドも増えつつある。

(3)　時間（When）

　ここでは，商品を使用する時間（季節や時間帯）や時間消費の仕方にもとづいてコンセプトを考えていく。ひとつは，既存の商品の利用時間や季節を別の時期に変更することで，どのようなコンセプトが提案できるかを考えていく方法である。もうひとつは，効率的な時間消費を志向する時短型と，商品やサービスを利用する時間そのものを楽しむ体験型を直線上の二極として，どのような時間（消費体験）を提案できるか考えていく方法である。

　現在では「朝カレー」は一般的になっているが，それ以前は，カレーは昼や夜に食べる料理であった。2008年，テレビ番組で野球選手が毎朝カレーを食べていることが放送されたことで，「朝カレー」がブームになった。これを受けて食品メーカーは，温めずに食べることができ，胃もたれしないようとろみを抑え，具材を細かく刻んだレトルトカレーを発売し，主婦層をメインターゲットにプロモーションを展開していった。これは，カレーを食べる時間（When）を軸として，朝食に合った商品（What）を開発し，望ましいターゲット（Who）にコンセプトを訴求していったケースといえる。

　冬の定番料理であるおでんは，コンビニエンスストアの冬季限定商品として，

1970年代後半から販売されるようになり，次第に通年で提供されるようになった。1990年代後半には，冷たい出汁に夏野菜を用いた「冷やしおでん」が飲食店で提供されるようになり，2000年代以降は，ジュレの出汁を用いた夏季限定商品として，スーパーなどで発売されるようになった。これは，おでんを食べる季節（When）と食べ方（How）の変遷といえる。

　時間消費の観点から店舗コンセプトを設定したケースとしては，ひとつの大型小売店内を時短型エリアと時間消費型エリアに区分した企業の例が挙げられる。時短型エリアでは，日用品や日配品などの生活必需品を揃え，短時間で効率的な買い物ができるような売り場づくりをし，時間消費型エリアでは，衣料品やブランド品などを揃えて，買い物時間を楽しめるような売り場づくりをしている。

⑷　場所（**Where**）

　ここでは，商品の新たな使用場面（生活シーン）にもとづいてコンセプトを考えていく。これには，自宅や勤務先，行楽地や観光地といった地理的・物理的な「場所」と，仕事，食事，趣味・娯楽・スポーツ，休養・睡眠といった，特定の時間と場所における生活行動から構成される「生活シーン（場面）」とがある。新しい使用場面の提案は，既存のユーザーに対してはもうひとつの使用機会を提供することであり，潜在的なユーザーに対しては初めての（試験的な）利用機会を提供することになるため，商品の使用機会やユーザーの拡大につながる可能性が高くなる。

　近年，福利厚生の一環として，オフィスの一角にお菓子などの食品販売ケース（什器）や自販機を設置する企業が増えている。これは，市販の食品（What）を職場（Where）に置くことで，従業員（Who）の空腹時や休憩時（When）に，身近な喫食手段や，リラックス・リフレッシュの手段，お菓子をとおした従業員同士のコミュニケーション手段として利用する（How）ことを提案したコンセプトといえる。

　紫外線防止用のスキンケア化粧品では，①散歩や買い物といった日常生活，

②屋外での軽いスポーツやレジャー，③炎天下でのレジャーやリゾート地でのマリンスポーツ，④非常に紫外線の強い場所や紫外線に過敏な人向けといった，4タイプの生活シーン（Where）に合わせた商品の使い分け（How）が提案されている。[15]

⑸　使用方法（How）

ここでは，新しい商品の使い方や消費の仕方をもとにコンセプトを考えていく。先述した事例における商品の使用方法や，販売していた商品を賃貸（レンタルやリース），シェアリング，サブスクリプションといったサービスに転換するといった方法が参考になる。

食品メーカーでは，食パンに自社のアイス大福とチーズをのせてトースターで焼いたり，フルーツ，こしあん，マシュマロなどをのせて焼いたり，様々なアレンジをしたレシピ（食べ方）をウェブサイトなどで公開している。[16]別のメーカーでは，自社のモナカアイスをトースターで焼くという食べ方だけでなく，[17]自社のアイスとビスケットを組み合わせたり，果物と一緒にアレンジしたレシピ，季節ごとの特集レシピ，パーティやプレゼント向けのレシピなどをウェブサイトで公開するとともに，購入者からのコメントを載せることで，双方向型のマーケティング・コミュニケーションを展開している。[18]なかでも，季節やイベントに合わせたレシピは，生活シーン（When）に合わせた食べ方や楽しみ方（How）の提案といえる。

注
⑴　片岡寛（1984）「新商品コンセプトの創造と商品特性」『Business review』一橋大学イノベーション研究センター，32(1)，1-13頁。
⑵　「Yakult 1000」株式会社ヤクルト　https://www.yakult.co.jp/yakult1000/ （2023.08.11アクセス）
⑶　「おいしい免疫ケア」キリンホールディングス株式会社　https://www.imuse-p.jp/plasma/oishii-meneki/ （2023.08.11アクセス）
⑷　「STEP WGN Presents 家族のよゆうじゆうな新常識」本田技研工業株式会社　https://www.honda.co.jp/STEPWGN/newnormal/ （2023.08.11アクセス）

⑸　「ワークマン女子」株式会社ワークマン　https://workman.jp/ shop/ brand/ workman-joshi/（2023.08.11 アクセス）

⑹　「YOLU」株式会社 I-ne　https://yolu.jp/concept/（2023.08.11 アクセス）

⑺　「THE CALBEE」カ ル ビ ー 株 式 会 社　https://note.calbee.jp/n/n4723fdc212cc（2023.08.11 アクセス）

⑻　「パジャマスーツ」株式会社 AOKI ホールディングス　https://www.aoki-style. com/feature/pajamasuit/（2023.08.11 アクセス）

⑼　「チョコラボ」ネスレ日本株式会社　https://www.chocollabo.com（2023.08.11 ア クセス），「オリジナル焼印カステラ」株式会社文明堂総本店　https://www.castella. website/lp/000000000218/（2023.08.11 アクセス）

⑽　女性の労働力率を年齢階級別にグラフにすると，独身時代の20代から上昇し，出 産・子育て期に入る30代で減少し，子育てが一段落した40代で再上昇するという「M 字カーブ」になる。ヨーロッパの主要国では，子育て期にある30代女性の労働力率は 80％前後で，グラフにすると台形に近いことから，M字カーブは，日本の女性の労働 参加が進んでいない象徴とされてきた。

⑾　LGBT とは，レズビアン（女性の同性愛者），ゲイ（男性の同性愛者），バイセク シュアル（女性・男性をともに好きになる人），トランスジェンダー（身体的な性と 自身が認める性とが異なる人）の頭文字をとったもので，人口の 8 ～10％を占めてい ることから，性的マイノリティと総称している。

⑿　「TRANSGENDER のための as is」ニッセン　https://www.nissen.co.jp/s/inner/ IN20SU105/（2023.08.11 アクセス）

⒀　ド ン . キ ホ ー テ　https://www.donki.com/updata/news/180712_Hipf2.pdf（2023.08.11 アクセス）

⒁　「オフィスグリコ」江崎グリコ株式会社　https://www.glico.com/jp/shopservice/ officeglico/（2023.08.11 アクセス），「セブン自販機」株式会社セブン‐イレブン・ ジャパン　https://www.sej.co.jp/sej_case/jihanki/（2023.08.11 アクセス）

⒂　持 田 ヘ ル ス ケ ア 株 式 会 社　https://hc.mochida.co.jp/basic_skincare/facecare/ sunscreen.html（2023.08.11 アクセス）

⒃　「＃禁断の雪見トースト」株式会社ロッテ　https://www.lotte.co.jp/products/ brand/yukimi/yukimitoast/（2023.08.11 アクセス）

⒄　「おうちで焼きモナカジャンボ」森永製菓株式会社　https://www.morinaga.co.jp/ ice/jumbo/yakimonaka/（2023.08.11 アクセス）

⒅　「森永天使のお菓子レシピ」森永製菓株式会社　https://www.morinaga.co.jp/rec- ipe/detail/625（2023.08.11 アクセス）

練習問題

・身近な商品や店舗をひとつだけ挙げて，コンセプトの構造を分析しなさい。

- 同じ業種のオールドビジネス／ニュービジネスをひとつずつ挙げ，それぞれのコンセプトとビジネスモデルを比較しなさい。
- シーズ・プッシュ型と，ニーズ・プル型コンセプトの商品をひとつずつ挙げて，その特徴を比較しなさい。

第 2 章
商品のデザインとパッケージ

デザインは商品の機能や性能を実体化するだけでなく，企業からの様々な
メッセージを発信するとともに，社会的な課題を解決する役割も有している。
本章では，様々なデザインの概念と意義，デザインのひとつの表現形である
パッケージの役割について論じていく。

キーワード：ユニバーサルデザイン　共用品　バリアフリー　インクルーシ
　　　　　　　ブデザイン　ISO／IEC ガイド 71　パッケージの 5 つの役割

1　商品のデザイン

　デザイン（Design）とは，人々の行為が目的にかなうように，設計者が様々
な要因（機能性，実現可能性，経済性，社会性など）を考慮して「設計・計画
（planning）」することをいう。より一般的・抽象的にいえば，「人々が希求する
方向性や理念，生活像を表現すること」である。デザインは，商品単体の機能
や性能，利便性を実体化するだけでなく，「こんな生活がしたい」という人々
の理想的な生活像や社会像を実現する役割も有している。したがって，商品だ
けでなく，乗り物や住居，まちづくりにおいても，様々な属性（年齢や身体機
能など）をもつ人々が，できるだけ分け隔てなく利用できるとともに，環境に
配慮したデザインが求められる。

　デザインの対象は広範だが，以下の 2 つに大別できる。

①空間・環境：都市計画や街の景観，商業空間（店舗，ショッピングモール，
　テーマパーク）や建物（ビルや家屋）のデザイン，インテリアデザインなど

②人々の行為や活動：ファッション，イラスト，Web，イベント，ビジネ
　　スモデルなど

　商品（サービス）のデザインとは，商品の設計を行う際の形態（図案や模様）
の計画・レイアウトをいう。これには，商品自体の形状・形態とともに，ブラ
ンド，パッケージ，キャラクターなどの形状や形態も含まれる。商品のデザイ
ンには，物理的特性（形状）の設計だけでなく，システム（手法・方法）の設計
も不可欠である。レストランで美味しい料理を提供しようとするならば，適切
なレシピ（材料や調理手順）だけでなく，望ましい調理機器やキッチンのレイア
ウト，顧客満足を高めるような接客方法や空間づくりも考える必要がある。
　商品のデザインでは，以下の要素が重要になる。

①機能性：機能・性能，成分特性やベネフィット
②情緒性：嗜好や感情・感性に訴求する特性
③メッセージ性：思想や概念といった情報特性
④社会性：地域社会や地球環境との調和

　①機能性とは，機能や性能，成分，サイズ（大きさや重さ）など，使用状況
に合致した特性やベネフィットの表現・実体化をさす。デザインには「機能的
必然性」があり，特定の機能を果たすためには，あるひとつの形状以外にはあ
りえないことがある。瓶の王冠のスカート（ギザギザ）は21個でなければ口元
を安定して固定できない。三脚は3本の脚でなければ安定しないため，それ以
外の脚数はありえない。モノを安定して支えるためには，3の倍数の力点でな
ければならないという必然性がそこにはある。②情緒性とは，「おしゃれなデ
ザイン」「カワイイ柄」といった，嗜好や感情・感性に訴求するような商品の
形状や形態，色柄などをさす。③メッセージ性とは，無駄を省いた簡素なデザ
インをとおしてシンプルなライフスタイルを提案したり，パッケージデザイン
をとおして環境意識を高めたりすることをいう。④社会性とは，人々の多様な

属性（身体機能など）に配慮したユニバーサルデザインやバリアフリーの商品
や店舗設計，環境に配慮した省エネルギー設計などをいう。これら①〜④の要
素は，個々に独立した存在ではなく，相互に重複する関係になっている。ユニ
バーサルデザインには，機能性や社会性だけでなく，シンプルなデザイン，多
様な人々ができるだけ平等に暮らせる社会を実現しようとするメッセージ性も
含まれている。これらの要素をうまく組み合わせることで，企業は商品価値
（トータル・クオリティー）を高めることができる。

　1957年に創設された「グッドデザイン賞」は，商品や建物，ビジネスモデル，
イベントなど，身の回りにある様々な「ものごと」のデザインを評価・推奨す
る仕組みである。これは，毎年，一定数の「デザインが優れたものごと」を身
の回りの様々な分野から選定し，世に広く伝えることで，社会全体をより豊か
な方向へと誘導していこうとする活動である。1950年代当時，日本企業のデザ
イン盗用問題を背景に現経済産業省が制定したもので，これを機に日本のデザ
インが発展していったという経緯がある。デザインは，個々の商品レベルで機
能するだけでなく，産業の発展にも寄与している。

2　普遍的デザインの追求

⑴　ユニバーサルデザイン（Universal Design）

　ユニバーサルデザイン（以下，UD）とは，ロナルド・マース（Ronald L. Mace）
が提唱した「すべての人が平等に暮らせるための生活デザイン」である。商品
や建物，空間，社会資本（インフラストラクチャー）などをデザインする際には，
設計段階からすべての人々のニーズを包括的に配慮し，年齢や体格，身体的能
力などの違いにかかわらず，最大限すべての人に利用可能で使いやすいデザイ
ン，即ち「最大公約数のデザイン」を提供することをいう。これは，アメリカ
に住む障害者が，健常者と同じように公共施設や交通機関などを利用し，街で
過ごせる社会の実現を目指した「障害をもつアメリカ人法（1990年）」の制定に
も大きな影響を及ぼした。

36

　日本では，1990年代以降，福祉用具法（1993年），ハートビル法（1994年），交通バリアフリー法（2000年）といった「バリアフリー関連法」の施行によって，政府や地方自治体を中心に UD への取り組みが進んでいった。静岡県庁による「しずおかユニバーサルデザイン[(4)]」の取り組みでは，1999年に UD 推進本部が設置され，県政全般に UD を採用するとともに，関連施設の UD 化が進められている。静岡文化芸術大学では，UD 関連のカリキュラムが設けられ，UD の普及・啓発とともに，UD に取り組む人材の育成や，知見の共有化が図られている[(5)]。

　企業や業界レベルでは，積水ハウスが1986年から目指してきた「生涯住宅思想[(6)]」に UD が取り入れられるなど，大手住宅メーカーによる積極的な UD への取り組みが進んでいる。コクヨは，1998年に「UD ガイドライン」を制定し，UD 製品の開発を進めている[(7)]。凸版印刷は，1999年に「パッケージ UD コンサルティング事業」を開始し，2001年には「トッパンユニバーサルデザイン 6 原則」を制定（2010年に 7 原則に改訂），2020年には「D ＆ I ソリューション」として UD 関連ビジネスを拡大し，商品パッケージのみならず，空間・環境，情報伝達（コミュニケーション）など多様な領域にわたって UD への対応を進めている[(8)]。

　1997年に設立されたユニバーサルファッション協会は，年齢，体型，サイズ，障害などにかかわらず，できるだけ多くの人々がファッションを楽しめる社会づくりを目指し，「ユニバーサルファッション」という新しい美の基準を提案している[(9)]。2002年に発足した日本介護食品協議会は，高齢化が進む現状を踏まえ，日常の食事から介護食まで幅広く利用できる「食べやすさに配慮した食品」として，「ユニバーサルデザインフード」を提唱している[(10)]。同協議会では，食品の「かたさ」や「粘度」に応じて 4 段階の規格を制定し，適合する商品にはロゴマークを表示できるようにした。

　UD には，「ピクトグラム（pictogram, pictograph：絵文字や絵単語）」という情報発信の手法がある。これは，商品や施設に関する様々な情報や注意を示すための視覚記号（サイン）で，明度差のある 2 色を用いて表したい概念を単純な

図として表現したものである。くすりの適正使用協議会は，2004年から，医薬品を処方する際の説明文書にピクトグラムを採用しており，薬の使用上の注意喚起，誤飲や誤使用の防止などに努めている（図2-1）。これを食品表示に応用したのが，「フードピクトグラム」で，アレルギー，宗教，ベジタリアンといった様々な食事規制や，色覚や視覚低下などにも配慮した食材表示のデザインである。

図2-1　薬のピクトグラム

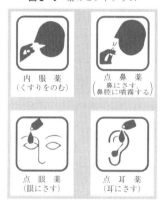

（出所）くすりの適正使用協議会

⑵　UD の特徴

　以下では，世界的に普及している UD について詳しく論じていく。UD には，以下の7原則があり，これに則ってデザインが検討される。

①公平な使用（Equitable Use）

　様々な能力をもった人々にとって有用で市場性があるデザインをいう。段差のない店舗や施設，片手や弱い握力でも掴みやすい飲料や洗剤のボトルやパッケージなどをさす。

②使用上の柔軟性（Flexibility in Use）

　幅広い個人の好みや能力への適合性・順応性があるデザインをいう。利き手に関わらず使用できるハサミなどの文具，多様なユーザーが様々な形で使用で

きるようにした多機能トイレなどをさす。

③単純で直感に訴える使用法（**Simple and Intuitive Use**）

　ユーザーの経験や知識，語学力，集中状態に関わらず使用法が理解しやすいことをいう。押すたびにオン／オフが切り替わるシーソースイッチ，取り違え防止のためのシャンプーボトルの刻み（ギザギザ）など，不要な複雑性を除去し，ユーザーの期待と直感に合わせたデザインをさす。

④認知できる情報（**Perceptible Information**）

　周囲の環境やユーザーの知覚能力とは関係なく，必要な情報がすぐに理解できるデザインをいう。薬の使用法や注意喚起を示したピクトグラムや，色別に表示した電車の路線や番号表示のように，文字のみよりも，色や数字，フォント，イラスト（ピクトグラム）などを活用することをさす。

⑤エラーに対する寛大さ（**Tolerance for Error**）

　偶然の，あるいは意図せざる行為による不都合な結果と危害を最小限にするデザインをいう。コードを引っかけたときに簡単に外れるポットの電源コード，閉まりかけたドアに人や物が挟まると再び開くエレベーターのドアなどをさす。

⑥少ない身体的努力（**Low Physical Effort**）

　効率的で快適で，最小限の労力で使用できるデザインをいう。上下や左右の操作だけで使用できる蛇口やドアノブ，段差の少ない低床バスなどをさす。

⑦接近と利用のためのサイズと空間（**Size and Space for Approach and Use**）

　ユーザーの体格や姿勢，動きやすさに関わらず，接近・リーチ・操作・使用できる適切なサイズと空間を設けることをいう。駅やホームでの行き先表示や時刻表示など，重要な要因に対する明確な視線（line of sight）を確保すること。ベビーカーや車椅子でも余裕をもって利用できるよう駅の自動改札機に幅を持たせたり，券売機の位置を低くして，カウンターの下部に空間を確保したりすること。電車やバスに設けられた補助装置や，人の手助けを利用する際の適切な空間を設けることなどをさす。

　UD の基本的視点は，以下の３つにある。

- 共通化：高齢者や障害者を含むすべての人が使いやすい共通のデザインを つくる，あるいは既存のデザインを改良すること
- 基本性能＋オプション：誰もが必要とする基本的な性能を標準的に備え， 対応できないニーズにはオプションを付加することで対応すること
- 多様な選択枝：様々なニーズに対応できるよう可能な限り多くの選択肢を 提供すること

　UD が普及するメリットは，第一に，できるだけ多くの人々が過ごしやすい 社会環境の整備につながる点にある。第二に，設計段階からの UD を進めて おけば，後からバリアフリー化するための追加費用を抑えることができる。第 三に，UD は汎用性が高いので，既存のユーザーだけでなく，高齢者や障害者 の利用も増え，ユーザー全体の増加につながる。さらに，ユーザーの高齢化や 障害が生じても使い続けることができる。結果的に，商品や建物，社会資本な どの長寿命化を実現することができる。

　UD のデメリットは，第一に，その普及過程で「社会的弱者」という固定観 念が広まることで，高齢者や障害者の社会参加や自立意欲を削いでしまう可能 性がある。第二に，高齢者や障害者のニーズのみに配慮した設計や追加的投資 の合理性に疑問が生じる場合がある。第三に，多様な身体能力や障害への対応 が困難な点にある。障害の種類や程度には大きな個人差があり，加齢による身 体機能の低下にも大きな個人差があるため，それらのすべてに対応可能なデザ インを設計することは非常に難しい。また，視覚障害者には必要不可欠な点字 ブロックは，車椅子の利用者にとっての障害となるように，ひとつの機能が他 者の障害となるケースもある。

⑶　UD 普及の課題

　UD が普及していく上での課題は，以下の 5 点にある。

①商品や社会資本の整備と知見の蓄積

　UD 商品を増やすとともに，店舗や企業（オフィスや工場），公共機関（行政機

関や公共交通機関）の UD 化を進める必要がある。UD が提唱されて30年以上経つ現在でも，高齢者や障害者にとって使い勝手の悪い商品や，不便な店舗やオフィス，公共交通機関などは散見される。こうした現状を解消すべく，UD 教育や研究機関の充実を図り，UD 商品の開発や知見の共有化をさらに進めていく必要がある。

②マインドの醸成

　UD の普及には，高齢者や障害者などへの配慮をもつこと，即ちモラル（心の UD）の醸成による認知度の向上が欠かせない。

③トータルな UD 化

　個々の商品や建物だけを UD 化するのではなく，連続性を確保した一体的な UD 化を進めることで，街や地域全体の UD 化が実現され，より暮らしやすい社会を実現することができる。そのためには，企業や行政，地域住民など，様々な関係者の連携による地域環境の UD 化が不可欠である。

④環境保全と財政負担

　UD による商品や建物の長寿命化によって，廃棄や建て替えの頻度を減らし，環境負荷を軽減することができる。また，公共交通機関や病院などの社会資本を長期にわたって有効活用できることから，維持・再建に要する財政負担を軽減することもできる。したがって，環境政策や財政政策の視点も取り入れた UD を進めることで，より暮らしやすい社会の実現につなげることができる。

⑤公的セクターの役割

　上記①〜④を実践する上では，政策面や資金面で行政の支援（税制，補助金，財政投融資など）が欠かせない。

(4)　様々な普遍的デザイン

　1990年代以降，普遍的なデザインの普及を巡って，UD 以外にも様々な概念の提唱と実践的な取り組みが進んでいった。ここでは，それらの概要を示していく。

①共用品・共用サービス

　1991年に市民団体として発足し，1999年に公益財団法人として設立された共用品推進機構は，「共用品・共用サービス」の普及促進に向け，調査・研究，標準化の推進を図っている。「共用品・共用サービス」とは，「身体的な特性や障害に関わりなく，より多くの人々が利用しやすい製品・施設・サービス」で，以下の3つの製品カテゴリーを包括する概念である。

- 多くの人々が利用しやすいように設計段階から配慮された製品（共用設計）
- 一般的な製品がもつ利用上の不都合をなくした製品（バリアフリー設計）
- 福祉用具を一般ユーザーも利用できるようにした製品（福祉目的の設計）

②共有玩具

　日本玩具協会は，1990年から「共遊玩具」の開発と普及に取り組んでいる。これは，障害の有無に関わらず楽しく遊べるよう「配慮」が施された，一般市場向けに製造・販売される玩具をさす。同協会では「共遊玩具ガイドライン」を策定し，認定された玩具には「盲導犬マーク」「うさぎマーク」をパッケージに表示することができる。「盲導犬マーク」は，目の不自由な子供も楽しめるよう配慮が施された玩具に表示するマークで，「うさぎマーク」は，耳の不自由な子供も楽しめるように配慮が施された玩具に表示するマークで，これらを目印に「共遊玩具」を入手することができる。

③バリアフリー

　UDや共用品と並んでよく用いられるのが「バリアフリー」である。これは元来，建築物にある段差や傾斜などの障害を取り除くことを意味していたが，近年では，この概念が広範囲に用いられるようになり，多様な人々が社会に参加する上での「障害（バリア）」をなくすことを意味するようになった。社会には，以下の4つのバリアがあり，こうした障害への理解を深めていくことが，できるだけ多くの人々が不自由なく参画できる社会の実現につながる。

- 物理的なバリア：公共交通機関や道路，建物などで移動の困難をもたらす障害。段差や傾斜，狭い通路，操作のしづらい器具や装置など。

- 制度的なバリア：社会のルールや制度によって機会の均等が奪われている障害。入試や資格制度，就職試験などにおける制限，身体的理由による店舗や施設の利用制限など。
- 文化・情報面でのバリア：情報の伝達方法が不十分であるために必要な情報が平等に得られない障害。音声案内しかなく，視覚や点字などの代替策がない交通機関や施設。
- 意識上（こころ）のバリア：偏見や差別，無関心などによって他者を受け入れない障害。障害者への偏見や無理解，バリアフリー設備の利用を妨げるような障害物など。

④インクルーシブデザイン

　多くの商品やサービスでは，障害や年齢，性別，言語，文化，能力，環境などによって，ターゲットユーザーから「排除（exclude）」されてしまう人々が存在する。また，海外では見知らぬ言語表記しかなくて不便な思いをするという「一次的・文化的な排除」に直面することもある。こうした「排除」をできるだけなくし，多様な人々が利用できるよう，ロジャー・コールマン（Roger Coleman）は，「排除されてきた人々」を商品の設計段階から積極的に巻き込んだ「インクルーシブデザイン（Inclusive Design, 以下 ID)」を提唱した[16]。UD は，できるだけ多くの人々が利用できるよう汎用性の高い最大公約数のデザインを目指しているのに対し，ID は，排除された「マイノリティ・ユーザー」が直面する課題（不便や不満）を起点にしたデザインであり，彼らを巻き込みながら商品を設計していくところに特徴がある。マイノリティにとって利用しやすいデザインは，マジョリティにとっても利用しやすい商品になることが多い。結果，ID の普及によって，マイノリティをも「包摂（Include）」した社会の実現につながることになる。

④ISO／IEC ガイド71

　1998年，日本は高齢化先進国として，UD の理念を世界的な共通認識とするよう ISO（国際標準化機構）・IEC（国際電気標準会議）に新たな規格の策定を提

表 2 - 1　ISO／IEC ガイド 71 の配慮ポイント

身体特性　ポイント	感覚能力（視覚・聴覚など）	身体能力（身体機能）	認知能力（判断・記憶など）	アレルギーなど（接触，食べ物など）
①情報	色，文字の大きさ，コントラスト，形状など	位置，レイアウト	絵記号など	
②包装	色，文字の大きさ，コントラスト，形状など	扱いやすさ，表面材質など	図記号，絵記号	成分表示，表面材質，素材など
③素材（材質）	色，コントラスト，形状，表面材質，音響など	扱いやすさ，表面材質など	色，コントラスト，形状など	成分表示，表面材質，素材など
④取り付け	照明，扱いやすさ，道理に合った手順など	扱いやすさ，表面材質など	色，形状，道理に合った手順	成分表示，表面材質，素材など
⑤ユーザーインタフェース	色，文字の大きさ，レイアウト，扱いやすさ	位置，レイアウト，扱いやすさなど	図記号，絵記号，わかりやすさ	アレルギー性や毒性のない材質など
⑥保守・保管・廃棄	扱いやすさ，道理に合った手順など	扱いやすさ	図記号，絵記号，道理に合った手順	アレルギー性や毒性のない材質など
⑦構築環境	照明，アクセスルート，音響など	位置，レイアウト，表面材質など	図記号，絵記号，わかりやすい言葉	アレルギー性や毒性のない材質など

（出所）内閣府「平成28年版　障害者白書」[19]をもとに筆者作成

案した。結果，2001年に国際規格「ISO／IEC ガイド 71（高齢者及び障害のある人々のニーズに対応した規格作成配慮指針）」が制定され（2014年改正）[17]，これと整合した規格として，国内では「JIS Z8071」が2003年に制定された（2017年改正）[18]。

　これらの規格には，①規格作成作業そのものに高齢者や障害者の参画を求めること，②高齢者や障害者に対する具体的な配慮ポイントを 7 分野に分け，身体特性（感覚や機能など）との関係から整理するという特徴がある（表 2 - 1）。

　本稿で示した様々なデザインの概念は，どれもデザインの普遍性を追求することで，商品や建物の汎用性を高め，できるだけ多くの人々が不自由なく過ごせる社会を目指すものであり，「最大多数の最大幸福」，あるいは，「最も不遇

表2-2　UDの7原則と商品機能

商品・店舗名

UDの7原則	商品・店舗の機能
①公平な使用	
②使用上の柔軟性	
③単純で直感に訴える使用法	
④認知できる情報	
⑤エラーに対する寛大さ	
⑥少ない身体的努力	
⑦接近や利用のためのサイズと空間	

表2-3　生活上のバリア調査

生活上のバリア	事例
①物理的なバリア	
②制度的なバリア	
③文化・情報面でのバリア	
⑤意識上のバリア	

な人々の利益を最大化するような社会」を志向する考えである。これらの概念をとおして，障害や排除は決して他人事ではないことを改めて認識する必要があるだろう。今日まで元気だった人が，明日，怪我や病気で障害を抱えることは十分に起こり得る。そもそも人はみな，少なからぬ「痛み（精神的・身体的不自由さ）」を抱えながら生きている。その「痛み」が大きくなり，うまく社会参加ができなくなるとき，それは「障害」となる。そうなる「リスク」は，いつでもどこでも誰にでも存在する。普遍的なデザインの普及は，人々が抱える様々な「痛み」と，それにともなう「リスク」を許容できる社会の実現につながる。

(5)　デザインの普遍性評価

　ここでは，できるだけ多くの人々が不自由なく過ごせる社会に向けた「デザ

インの普遍性」という点から，商品や店舗を評価するための手法を示していく。
UD については，「**表2-2 UD の7原則と商品機能**」を用いて，身近な商品や
店舗の諸特性が7原則をどの程度達成しているか，対応関係を検討し，課題を
抽出することができる。

　一方，バリアフリーやインクルーシブの視点からは，「**表2-3 生活上のバ
リア調査**」を用い，身近に存在する様々なバリアを記録していくことで，現状
と課題を把握することができる。

3　商品のパッケージ

　商品のパッケージ（包装・容器）は，色や図・柄（イラスト），形状やキャラ
クターなどのデザインをとおして品質や便益（ベネフィット）といった価値と
ともに，商品やブランド（企業）のイメージも訴求する役割を果たしているこ
とから，「物言わぬセールスマン」と称されている。商品パッケージは，こう
したプロモーション効果とともに，消費者が商品を評価する際の情報源として
の役割も有している。

　商品のパッケージ戦略は，商品のイメージや企業の収益に様々な影響をもた
らす。中身が同じ商品でも，パッケージの素材や色柄が異なるだけで売れ行き
が大きく変わることがある。食品の場合，味や食感をイメージしやすいパッ
ケージデザイン（色や絵柄，フォントなど）やキャッチコピーを用いなければ，
商品の価値はうまく伝わらない。どのようなキャラクターデザインをパッケー
ジに載せるかで，商品のイメージやブランドへの親近感も変わってしまう。企
業は，こうした様々な要素を考慮しながらパッケージ戦略を展開している。

　商品のパッケージは，以下の5つの役割を考慮しながらデザインされる。

(1)　商品価値の保護

　パッケージは，何よりも商品の中身（商品価値）を保護するものでなければ
ならない。食品の場合，衛生面だけでなく温度や鮮度（味覚）の維持など，

パッケージは品質保持の役割を果たす。弁当の仕切りや二重構造，遮光性や気密性の高いパックやレトルトパウチは，食品の劣化（腐敗）をできるだけ防ぐ機能を有している。

(2)　取扱いの利便性

　一般的に，パッケージには軽さや持ちやすさ，持ち運びの便利さなどが求められる。ペットボトルは，取り扱いの利便性を実現したパッケージの典型例である。UD を取り入れたパッケージは，高齢者や障害者にとっても使い勝手のよい，汎用性の高い商品となる。

(3)　販売単位の形成

　パッケージは，一定の単位で商品をまとめて販売するという役割を果たす。それが販売単位の形成である。食品や飲料の場合，100g，500g，350ml，500ml といった質量や体積（容積）を単位として袋やボトルにパッケージされる。野菜や果物は，1 束，1 袋，1 パックなどを単位として販売される。大人数向けのファミリーパックや，個食向けの小分け商品も，それぞれが販売単位である。

(4)　他社商品との識別（販売促進効果）

　店内で自社商品を手にしてもらうためには，他社商品と明確に識別できるような特性をもたせること，即ち「差別化」が重要になる。他社にはない独自性のあるパッケージデザインは，販売促進効果につながる。また，自社内の同一ブランド間での違いを示すためにも，自社商品間での差別化として，異なるパッケージデザインが用いられる。

(5)　情報伝達手段

　商品パッケージに掲載されるロゴやラベル（品質表示）は，いつ，どこで，誰が，どうやって作ったのかという商品の中身（価値）を示す役割を果たして

いる。問い合わせ先やコールセンターの表記は，製造・販売者の責任を示している。高級品のパッケージには，商品の質の高さを暗示するようなデザインや素材が期待される。他方，ギフト商品のパッケージには，相手への感謝やお礼，お祝いの気持ち，即ち社会・文化的メッセージを表示する役割が期待されている。

注

(1)　公益財団法人 日本デザイン振興会　http://www.g-mark.org/（2023.08.12 アクセス）

(2)　The Center for Universal Design of North Carolina University 元所長。現在，同機関は The Ronald L. Mace Universal Design Institute に移行されている。 https://www.udinstitute.org（2023.08.12 アクセス）

(3)　同法律（Americans with Disabilities Act : ADA）の詳細については， https://www.ada.gov 参照（2023.08.12 アクセス）。

(4)　https://www.pref.shizuoka.jp/a_content/1_10.html（2023.08.12 アクセス）

(5)　https://www.suac.ac.jp/education/design/ （2023.08.12 アクセス）

(6)　https://www.sekisuihouse.co.jp/eco/eco2003/pdf/sekisuiCER2003_27_34.pdf（2023.08.12 アクセス）

(7)　https://www.kokuyo.co.jp/creative/ud/aboutud/ （2023.08.12 アクセス）

(8)　https://www.toppan.co.jp/sustainability/social/ud.html（2023.08.12 アクセス）

(9)　https://www.unifa.jp（2023.08.12 アクセス）

(10)　https://www.udf.jp/index.html（2023.08.12 アクセス）

(11)　https://www.rad-ar.or.jp（2023.08.12 アクセス）

(12)　株式会社フードピクト　https://www.foodpict.com（2023.08.12 アクセス）

(13)　https://www.kyoyohin.org/ja/index.php（2023.08.12 アクセス）

(14)　https://www.toys.or.jp/index.html（2023.08.12 アクセス）

(15)　政府広報オンライン「知っていますか？街の中のバリアフリーと『心のバリアフリー』」 https://www.gov-online.go.jp/useful/article/201812/1.html（2023.08.12 アクセス）

(16)　Roger Coleman, John Clarkson, Julia Cassim（2016）, *Design for Inclusivity A Practical Guide to Accessible, Innovative and User-Centred Design*, Routledge.

(17)　The IEC（International Electrotechnical Commission）, https://webstore.iec.ch/publication/11948（2023.08.12 アクセス）

(18)　経済産業省 https://www.meti.go.jp/policy/economy/hyojun-kijun/keihatsu/ad/index.html（2023.08.12 アクセス）

⑲　https://www8.cao.go.jp/shougai/whitepaper/h28hakusho/zenbun　（2023.08.12 ア
　クセス）

参考文献

カセム，ジュリア ホートン・秋穂訳（2014）『「インクルーシブデザイン」という発
　想——排除しないプロセスのデザイン』フィルムアート社。
カセム，ジュリア他編著（2014）『インクルーシブデザイン——社会の課題を解決する
　参加型デザイン』学芸出版社。
Coleman, R., Clarkson, J., and Cassim, J. (2016), *Design for Inclusivity A Practical
　Guide to Accessible, Innovative and User-Centred Design*, Routledge.

練習問題

- 特定の商品を挙げ，機能性，情緒性，メッセージ性，社会性がどのようにデザインさ
れているか指摘しなさい。
- 誰も不自由を感じない UD 商品は，どこまで実現可能だろうか。「誰かの便利」は
「誰かの不便」になってしまう現実に対して，デザインはどう応えることができるか。
- 都市設計では，「人々にとって望ましいまちづくり（機能面での公益性）」を考えて設
計すると，どこも同じ街になってしまうことがある。公益性と独自性（地域特性）の
バランスをどのようにとるべきか。
- 程度の差こそあれ，健常者とされる人々も，様々な「病（軽度の精神的・身体的障
害）」を抱えている。普遍的なデザインの普及は，人々が抱える様々な「痛み」や
「リスク」をどこまで受容できるだろうか。
- 特定の商品を取り上げ，パッケージの5つの機能がどのように備わっているか説明し
なさい。

第 3 章
商品の規格・標準

この章では，商品の機能や形状，アプリケーションソフトやキャッシュレス決済の仕組みを支える規格・標準（Standard）について学んでいく。商品の規格・標準は，取引の効率化や公平性だけでなく，企業間競争をも左右する存在であることを理解していく。

キーワード：国際規格　国内規格　デジュールスタンダード　デファクトスタンダード　自主合意標準　ネットワーク外部性　クリティカル・マス

1　規格・標準の意義と目的

(1)　規格・標準の意義

　日頃，あまり気づくことはないが，標準時間，標準語，数字，貨幣，度量衡（メートル法やヤード法・ポンド法など）といった規格・標準は，円滑な日常生活を過ごす上で必要不可欠な「文明社会の基盤」としての役割を果たしている。規格・標準とは，「関係する組織または人々の間で，利益または利便が公正に得られるように，統一化・単純化を図る目的で，物体，性能，能力，配置，状態，動作，手順，方法，手続，責任，義務，権限，考え方，概念などについて定めた取決め」をいう。重要な点は，「公正な利益配分（秩序の保持）」を目的として，関係する「複数の主体間」で用いられる「取り決め（ルール）」ということである。

　厳密に言えば，規格は，明文化された「守るべき規範や規則（ルール）」で，標準は，必ずしも明文化はされていない「目安・よりどころ」である。自転車

50

の安全基準（BAA マーク）は明文化された規格だが，「QWERTY（キーボード
の配列）」は標準である。規格・標準は，英語ではともに Standard だが，日本
では，両者を同様に用いることが多いため，本章では規格・標準と表記する。

　規格・標準は，産業革命以降，機械や商品の技術的仕様に関する規格・標準
（製品の品質，性能，安全性，寸法，試験方法などに関する取決め）としての意味や
役割が高まっていった。現代の市場経済では，①大量生産・大量販売システム
と，②グローバル経済の 2 つの側面で，規格・標準の役割（意義）はますます
高まっている。

　①現代の大量生産・大量量販システムにおいては，画一化・均質化された商
品を大量生産するために，商品の規格・標準化は不可欠である。そのひとつは，
商品単体の品質（自己完結的な標準）を高めるための「クオリティ標準」である。
もうひとつは，他の商品との互換性を考慮した「インターフェース標準」であ
る。スマートフォンとパソコン，デジカメ，プリンタなど，様々な情報通信機
器を接続しながらデータ処理をするときのように，商品間の互換性を高めるこ
とで作業効率も高められる。こうした規格・標準が進むことで，汎用性の高い
商品をより効率的に大量生産・大量販売することができる。

　②グローバル経済における規格・標準は，商品評価の共通基盤として，多様
性の調整（variety control）を図る役割がある。経済のグローバル化にともなっ
て，経済主体は多様化し，商品とその評価視点も多元化・多様化していった。
規格・標準の異なる様々な国から商品を輸出入する企業にとって，取引の単純
公正化を図るために，また，消費者にとっては使用上の合理化を図るために，
「共通のルール」として規格・標準がその役割を果たしている。

　規格・標準の具体的な手法は，事物を「単純化・統一化」し，複雑性を低減
することにある。単純化とは，商品の部品点数や品目数を減らし，生産・流
通・消費の合理化（利便性の向上）を図ることである。統一化とは，共通の基
準にもとづいて互換性や汎用性を高めること，単純化によって残された事物
（製品の品種）について，寸法，形状，品質などを統一して互換性のある規格に
合った商品をつくることをいう。

　規格・標準の進展によって同質化した商品が大量生産されると，生産効率は高められる反面，消費者の多様なニーズに適合することが難しくなる。「どれも同じような商品」が市場に出回ることは，消費者にとって商品選択におけるストレスが軽減され，買い物の利便性が向上するだろう。反面，「どれを買っても同じ」ことになり，アパレルのように商品の個性を期待する消費者の購買意欲（選択意欲）は低下する可能性が高くなる。

　企業にとっては，商品の同質化が進むことで，品質による差別化が困難になり，価格やデザイン，付加的機能やサービスなどでの差別化を余儀なくされ，市場競争はより厳しくなるだろう。また，同質化した商品が普及している状況で共有部品の不具合や欠陥が生じると，その影響（被害）は広範囲に及ぶ。自動車のリコールのように，世界中で販売されている同一規格の商品に不具合が生じた場合，事態の収拾に多大なコスト（時間，労力，費用）が必要になる。

⑵　規格・標準化の目的

　規格・標準化の目的は，おもに以下の4点にある。

①品質（耐久性，安全性など）の標準設定

　規格・標準化によって不適合品が除外され，品質の安定性が保たれる。また，設計段階での規格・標準化は，不良品の発生確率（失敗コスト）の低減につながる。

②生産性の向上（合理化）

　規格・標準化は，商品や部品の「単純化・統一化」を促し，生産品種の縮減につながる。結果，生産コストが下がるとともに，品質管理の精度が高まり，不良品の発生確率も低下する。品種の絞込みと部品の共有化が進むと，生産設備（設備投資）の効率化が進む。

③取引の効率化・合理化

　「単純化・統一化」によって品種や規格が絞り込まれると，市場に提供される商品の同質化が進み，企業間，及び企業と消費者との取引の煩雑さが縮減され，取引の効率化・合理化が進む。

④使用・消費の合理化・公正化

　上記①②によって品質の安定性が保たれ，生産コストの低下とともに販売価格も低下すれば，消費者は商品の選択・購入・評価に要するコストを削減できるとともに，安心して商品を購入・使用することができ，商品購入と使用の合理化・効率化が進む。さらに，③による取引の効率化・合理化と，規格・標準への適合を示した品質表示は，消費者による商品選択の合理化・公平化を促す。また，異なる商品間での部品共有は，生産コストと販売価格の低下だけでなく，商品の付加的機能やサービスの多様化にもつながり，消費者による選択肢の多様性に貢献する。

2　規格・標準の対象と適用範囲

(1)　規格・標準の対象

　規格・標準の対象は，大別すると以下の3点になる。

①基本規格

　これは，用語や記号，単位など，基本事項を規定した規格で，すべての製品に適用できる規格である。メートル法やヤード法・ポンド法が該当する。

②方法規格

　これは，試験・分析・検査・測定方法や，作業方法などを規定した規格で，日本農林規格（Japanese Agricultural Standard：JAS）では，農林水産物の品質評価（サイズや糖度，風味など）や，生産管理法，流通方法などが規定されている。

③製品規格

　これは，製品の形状，寸法，材質，成分，品質，性能，耐久性，安全性，機能などを規定した規格で，特定の製品に対して適用される。例えば自転車には，「ペダル又はハンドクランクを用い，主に乗員の力で駆動操作され，かつ，駆動車輪をもち，地上を走行する車両」という製品規格があり，長さや幅によって，一般用自転車，子供用自転車，乳幼児用自転車の規格がある。[2]

(2)　規格・標準の適用範囲

規格・標準の適用範囲は，以下①〜⑤のように，国や地域などの地理的，政治的境界から，業界団体や企業レベルまで多岐にわたっており，複数の規格・標準が同時に運用されることもある。

①国際規格

これは，国際的な組織によって制定され，国際的に適合される規格をいう。乾電池のサイズ（単1，単2，単3…），クレジットカードのサイズ，非常口のマークなどは，身近な国際標準の典型例で，これによって，どこのメーカーの乾電池でも，どの会社のカードでも世界中で使用することができ，どこの国にいても非常口を認識することができる。

ISO（International Organization for Standardization：国際標準化機構）は，商品やサービス，マネジメントシステムに関する国際的な ISO 規格を制定する組織で，IEC（International Electrotechnical Commission：国際電気標準会議）は，電気・電子技術分野における国際規格を制定する組織である。WTO/TBT 協定の加盟国は，ISO/IEC 規格に整合した安全規格を国内で制定することになっており，日本工業規格（Japanese Industrial Standards：JIS）は，ISO に準拠する形で運用されている。また，国際貿易上，重要な食品については，FAO/WHO 合同食品規格委員会（Joint FAO/WHO Codex Alimentarius Commission）が，食品添加物の基準，農薬や有害物質の基準，食品中における微生物基準，食品製造における衛生規範など，国際的な規格・標準を策定している。

②地域規格

これは，特定の地域内における国々で利用される規格・標準で，EU（ヨーロッパ連合）域内における EN 規格（European Norm, European Standards）がその典型例である。EU 加盟国は，EN 規格（電気分野の CENLEC と非電気分野の CEN）を国内規格に反映させるとともに，EN 規格に相反する規格が自国内に存在しないよう調整することが義務づけられている。また，ミネラルウォーターの水質基準や成分の含有量表示などに関しては，EU 内での規格・標準がコーデックス食品規格（Codex Standards）に定められている。

③国内規格・国家規格

　これは，国家，または国内標準機関として認められた団体によって制定され，全国的に適用されている規格・標準をさす。家庭用コンセントの形状，トイレットペーパーのサイズ，蛍光灯のサイズや消費電力，抗菌加工の基準などは，国家規格の典型例である。日本では，工業品に適用される JIS，農林物資に適用される JAS，イギリスでは，工業品に適用される BS（British Standard）などがある。

④業界・団体規格

　これは，国内の事業者団体や業界などによって制定され，原則としてその構成員内で適用される規格・標準である。家電製品や発電システムなどを対象とする JEM（日本電気工業会），自動車やバイクを対象とする JASO（自動車技術会）規格，QR コード決済を対象とする JPQR（キャッシュレス推進協議会）などで，その多くは国家規格を補完している。

⑤社内規格

　これは，ひとつの企業やグループ企業内で，事業活動を効果的かつ円滑に遂行するための手段として，社内関係者の合意によって取決められたもので，関連企業にまで効力を有することもある。外食企業の調理・接客マニュアル，交通機関の運行ダイヤ，電車の軌道サイズなどが該当する。

3　規格・標準化のプロセス

　規格・標準は，その決定主体による制定プロセスの相違によって，以下の3つに分けられる。

(1)　デジュールスタンダード（De jure standard）

　これは，先述した ISO や JIS のように公的機関によって制定される規格・標準で，明確に定められた手続きにもとづき，広範な関係者の参画を得て策定される。ISO は国際標準化機構，JIS は日本工業標準調査会（経済産業省設置の

審議会）において規格・標準が定められる。

　デジュールスタンダードの長所は，公平性と一定の強制力にある。具体的には，①規格・標準の策定プロセスと内容が公開されるため透明性が高いこと，②原則的に単一の規格・標準が提供されること，③メンバーシップが比較的オープンであること，④公的機関による策定のため，一定の影響力があることなどがあげられる。短所は，①規格・標準の開発・策定速度が遅いこと，②迅速性に乏しく多様性への対応が不十分であること，③規格・標準の普及と商品の普及にタイムラグが存在すること，④技術のフリーライドが発生することなどがある。

⑵　デファクトスタンダード（De Facto Standard）

　これは，先述したキーボードの「QWERTY」や，PC ソフトの Windows，スマホアプリの iOS のように，複数企業による市場競争を経て決まる「事実上の業界標準（標準的な地位）」をいう。新しい規格・標準にもとづいた商品が上市された当初は，複数の規格・標準が林立し，激しい企業間競争が行われる。結果，特定の商品が市場シェア（販売台数や売上高）や，市場への影響力といった点で市場の大勢を占めることになる。これがデファクトスタンダードである。

　これに準拠するための明文化されたルール（協約）やメンバーシップはないので，デファクトスタンダードの採否は各社の自由意思によるが，市場シェアNo. 1 商品の動向を無視した商品開発やマーケティング戦略は困難になるため，自ずとデファクトスタンダードに沿った事業活動を展開することになる。

　デファクトスタンダードの長所は，基本的に 1 社，もしくはそのグループ企業による規格・標準策定のため，①策定プロセスが迅速で，②規格・標準の普及と商品の普及が同時進行で進む，③標準の統一化は市場競争（ユーザーによる市場での評価）に委ねられる，④自社規格の標準化が市場支配につながるため，高い収益が見込める。短所は，企業秘密に抵触するため，①情報公開が不完全で，②すべてのインターフェースが公開される保証はない，③技術情報が未開示のため，複数の規格・標準の比較が困難，④開発企業による競争限定的

な囲い込みが発生し，追随企業が不利な立場におかれる可能性がある，⑤メンバーシップが閉鎖的になりがち，⑥改正手続が不透明なため，予告のない改変やサポートの廃止など，ユーザーに不利益が生じるといった点にある。

(3)　自主合意標準（フォーラム型スタンダード）

　これは，商品を上市する前に関連企業や業界団体が協議を行い，選定される規格・標準をいう。キッズデザイン CSD 認証は，既存の安全基準や規格の遵守だけでは解決できない子供の事故に対して安全性のガイドラインを設け，認証するものである。関連企業で規格・標準を協議する意義は，一定のルールのもとで各社が競争を行うことができ，市場の安定化（秩序の保持）に資する点にある。他にも，技術革新の早い業界のなかでも，①圧倒的に強い企業がない，②競争に負けた場合の損失が大きい，③各企業がリスクを負えない財務状況にある，④市場導入の遅れが競争において致命的な影響をもたらすといった特性を有する場合には，自主合意型の規格・標準策定が有効とされている。

4　規格・標準の普及特性

　以下では，規格・標準の普及にともなって生じる「ネットワーク外部性」と「クリティカル・マス」について論じていく。

(1)　ネットワーク外部性

　様々な IT（情報通信）機器の普及にともなって，それらの機器やシステムが有する規格・標準も普及する。このとき，同一の商品やサービスの領域で様々な規格・標準が林立することがある。SNS（Social Networking Service）の分野では，短い文章を即時的に発信するタイプ，写真と文字を即時的に発信するタイプ，短い動画を発信するタイプ，文字や写真，動画による情報発信だけでなく，商品購入と決済手段を兼ね備えたタイプなど，様々なネットワーク・サービスの規格・標準が普及しており，その隆盛（流行り廃り）は大きく変わるこ

ともある。そうしたなか，利用者の多い SNS では，様々なコミュニケーションが展開されるとともに，そこから新たな生活行動（流行など）が生じたりする。企業からは多様なサービスが提供され，利用者の利便性は一層高まっていく。他方，利用者の少ない SNS では，コミュニケーションや生活行動は不活性で，サービスなどの多様性や利便性も低い。

　キャッシュレス市場には，①カード決済，②電子マネー決済，③コード決済の３タイプがあり，それぞれの分野で，様々な企業が様々な決済サービスの規格・標準を用いている。①カード決済では，銀行や信販会社などによるクレジットカード，デビットカード，プリペイドカードが20種類以上，②電子マネー決済では，交通機関や流通業，情報端末や OS 企業による IC カードやスマートフォンによる決済が10種類以上，③コード決済では，通信キャリア，IT 企業，銀行，コンビニなどによる QR／バーコード／スマホ決済が20種類以上と，様々な決済の規格・標準が林立している。そうしたなか，利用者の多い決済サービスは，様々な購入（決済）場面で利用できるとともに，様々な付加的サービスが提供され，利便性が高まっていく。他方，利用者が伸び悩んでいるサービスでは，利用できる地域や店舗が限られ，利便性が低いまま留まることになる。

　こうした現象は「ネットワーク外部性（Externality）」といい，SNS のアプリケーションや決済サービスの機能性や信頼性といった商品本来の機能ではなく，利用者数（普及率）とそのつながり方という，市場取引では把握できない要素（市場外での予期せぬ効果）が，商品の価値（便益や費用）や市場動向に影響を及ぼすことをいう。

　ネットワーク外部性には，正と負の外部性がある。「正の外部性（外部経済：external economy）」とは，自らが生み出した便益すべてを市場取引を通じて受け取らない場合で，SNS アプリの普及によって，利用者が大勢の人々と多様な人間関係を即時に，かつ容易に形成できたとしても，アプリの製作会社は普及にともなう収益とブランド力を得る一方で，利用者の人間関係から恩恵を被ることはない。「負の外部性（外部不経済：external diseconomy）」とは，自らが

生み出した費用をすべて負担しないことをいい，SNS やキャッスレス決済を悪用した犯罪やトラブルが生じたとしても，企業がその責任を負うことはない。

　ネットワーク外部性による直接効果としては，利用者数の増加（商品ネットワークの拡大）が，直接，利用者の便益向上につながるケースがあげられる。SNS のアプリやスマホゲームの普及は，利用者が増えることで，受発信される情報は増え，ユーザー間のコミュニケーション（情報交換や対戦機会）も増えることで，利用者の満足度も高まる。間接効果としては，当該サービスの普及によって関連商品（補完的商品）が増え，その互換性や両立性がもたらす便益が高まるケースがあげられる。SNS アプリの普及によって，自分で自分の写真や動画をきれいに撮るためのアクセサリー器具やアプリが普及し，利用者の満足度が一層高まるような場合があてはまる。

(2)　クリティカル・マス

　クリティカル・マス（Critical Mass：閾値）とは，ある商品やサービスの普及率が，導入期から一気に急上昇して高まる分岐点をいう。一般に，市場の約16％，世帯普及率 2 〜 3 ％で市場シェアの優位性，即ち「デファクトスタンダード」を獲得できるとされている。1999年以降の情報通信機器の世帯保有率の推移（図 3 - 1 ）をみると，スマートフォンは2009〜10年に閾値（グラフの□）を超えており，ネット接続できる家庭用テレビゲーム機は2007年（グラフの○），タブレット端末は2011年（グラフの◇）にそれぞれ閾値を超えており，この時点でシェア No. 1 の企業がデファクトスタンダードを獲得する可能性が高くなる。

　情報通信機器（ゲーム機）や SNS アプリなど，ネットワーク外部性をもつ商品やサービスの場合，商品間の競争は即ち規格・標準の競争となる。したがって，市場への早期参入を図り，インストールド・ベース（累積販売数量やユーザー数）をできるだけ早期に高め，規格・標準間での競争優位性を確保できるだけのクリティカル・マスに至ることが重要になる。インストールド・ベースの少ない商品（規格・標準）は，商品自体の機能や性能を高めても評価は低い

図 3-1　情報通信機器の世帯保有率の推移

単位：％

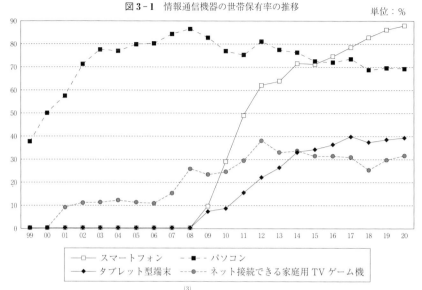

凡例：
―□―　スマートフォン　　　‐■‐　パソコン
―◆―　タブレット型端末　　‐●‐　ネット接続できる家庭用 TV ゲーム機

（出所）総務省『情報通信白書 令和 4 年版』(3) をもとに筆者作成

まま（少ない利用者数）で推移する可能性が高くなる。

　規格・標準のインストールド・ベースをめぐる競争には，①オープン戦略と，②クローズド戦略がある。①オープン戦略は，他社に先行して技術や規格・標準を開発し，普及のために技術仕様を他社に公開したり，市場導入を遅くして他社の模倣を促したりする方法で，スマホソフト（OS）の Android やコンピュータソフトの Linux などがある。オープン戦略によって，市場導入の早期にインストールド・ベースを高め，デファクトスタンダードを獲得する可能性が高まる一方で，同一の規格・標準（協力企業）内での競争となり，自社の利益配分は低くなる可能性がある。クローズド戦略は，自社独自の技術や規格・標準を独占的に普及させることで，クリティカル・マスの確保とともに収益の拡大を図る方法で，コンピュータソフトの Windows や Mac OS，スマホソフトの iOS などがある。競争によってデファクトスタンダードを獲得できれば，その成果は大きいが，そうでない場合の事業リスクも大きくなる。また，特定企業による規格・標準の独占・寡占は，企業側の都合による価格上昇や規

格の変更などによって，利用者の経済的負担が高まったり利便性が損なわれたりすることもある。

5　暮らしを支える規格・標準

　以下では，規格・標準の成り立ちをとおして，その公益性と社会構想について考えていく。

(1)　規格・標準の公益性

　「2(2)　規格・標準の適用範囲」で述べたように，JPQR は，キャッシュレス推進協議会によって策定された QR コード決済の統一規格である。これは，複数の企業による決済 QR コードを 1 枚のコード（JPQR）に統一し，決済の簡便化を図るための規格・標準である。

　1960年代，スーパーマーケットの台頭によってレジ打ち業務が多忙になり，それを合理化・効率化するために，1 次元バーコードによる POS システムが普及した。しかし，バーコードは英数20字程の情報容量しかないため，㈱デンソーの社員 2 名が7,000字の情報容量をもつ 2 次元コードを1994年に開発した。当時はさほど普及しなかったが，2001年の BSE（牛海綿状脳症）問題でⁱ⁴⁾QR コードは牛の耳表によるトレーサビリティに活用されるようになった。デンソーは，QR コードの規格（仕様）をオープン化し，（特許はデンソーが保有），1999年には JIS 規格化され，2000年には ISO による国際規格となった。2000年代以降は，スマートフォンや電子チケットの普及によって QR コードの利用機会は急増し，世界標準の規格へと発展していった。QR コードは，めまぐるしく進展する情報社会の基盤として，言い換えれば，「暮らしを支える規格・標準」として，公益的な機能を果たしている。

　現代的なピクトグラム（案内用図記号）も，日本で開発された国際規格・標準のひとつである。1964年の東京オリンピック・パラリンピックの際に，海外からの来訪者に向けた施設案内（レストランやトイレなど）や競技種目の視覚表

図3-2　併用されている温泉マーク

新JIS　　　　　　　or　　　　　　　　（ISO）

（出所）経済産業省「案内用図記号の JIS 改正」[5]

図3-3　ISO（国際規格）に整合したピクトグラム

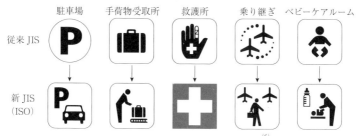

（出所）経済産業省「案内用図記号の JIS 改正」[6]

示（絵文字）が開発された。そして，この制作に携わったデザイナーたちは，ピクトグラムが万国共有の視覚言語として普及していくことを重視して，デザインの著作権を放棄した。

　2022年の東京五輪・パラリンピックでは，ピクトグラムの国内規格（JIS）の改正を行った。現行の温泉マークは国際規格（ISO）と併用し，施設側がどちらかを採用できるようにした（**図3-2**）。一方，駐車場や手荷物受取所，救護所などは ISO 規格に変更した（**図3-3**）。ピクトグラムは，こうした国際的なイベントのみならず，公共施設や交通機関の案内表示，薬の注意喚起など，多様な言語や文化を超えた視覚言語として，世界各国の様々な人々の「暮らしを支える規格・標準」として機能している。

(2)　誰のための規格・標準か──望ましい社会構想

　QR コード自体は世界的に統一されていても，それを利用するアプリケーションソフトが各企業によって異なるため，結果的に，我々のスマートフォンには様々なアプリがインストールされ，買い物をするたびにそれらのひとつひ

とつをスマホメニューから見つけ出し，操作・決済しなければならない。

　現金決済では自動レジが普及しているが，これも各社（小売店）によって規格が異なるために，小銭やお札の投入口や投入方法がバラバラになっている。そのため，買い物をするたびに，どこからお金を投入すべきか，どこからお釣りが出てくるのか迷うことになる。日常的に利用するスーパー2〜3店舗だけならすぐに慣れるだろうが，我々はいつも自宅周辺だけで買い物をしている訳ではない。勤務先や通学先，レジャーや旅行などで他の地域で買い物をするときなど，そのたびに店舗ごとでの独自の使用方法を学習しなければならない。さらには，高齢者や外国人（旅行者など）の立場を考えると，果たしてこれが本当にユーザーフレンドリーな決済サービスの普及といえるのか，疑問を拭えない。

　こうした規格・標準の林立は，一企業やそのグループ企業にとっては，業務の合理化・効率化に資するかも知れないが，消費者にとっては「新たな不便」を強いられることになり，取引の効率化と公平性という社会全体の利益に直結しているとは言い難い。

　こうした問題は，日常の買い物だけでなく，ときに，人々の生命や財産に大きな影響を及ぼしかねないこともある。1995年の阪神・淡路大震災では，地震によって生じた火事を消火するために全国から消防車が駆けつけた。しかし，消防ホースをつなぐ金具の規格・標準は差し込み式とネジ式があり，消防ホースの口径も都市によって異なっていたため，火災現場では，媒介金具を用いて調整しながら消火活動を行う必要があった。こうした経験を踏まえ，震災後は消防ホースの結合金具やホースの太さなどの規格統一が進められていった。

　これは，国民の暮らしを支える社会資本（インフラストラクチャー）の規格・標準における課題といえる。防災に関しては，消防ホースの規格統一だけで事態が解決する訳ではない。テレビやラジオ，SNS などをとおした警報・注意報の発表基準とその発信システム，社会的弱者にも配慮した避難体制（ピクトグラムなどのサインや避難経路，避難所，支援物資の配給方法など），街路や建物，交通機関の安全基準など，非常時の暮らしや，まちづくりのあり方全体を考え

る必要がある。

　QRコードやピクトグラムの例でみたように，「暮らしを支える規格・標準」
は，防災のみならず衣食住多岐にわたる。国際規格で取り上げたコーデックス
は，世界で流通する食品の安全性を確保するための規格・標準であり，その目
的は，消費者の健康の保護と，食品取引における公平性の確保にある。起源は
13〜15世紀のヨーロッパにあり，パンや肉の国際的な流通が始まるとともに食
中毒などの衛生問題が発生したため，関係する国々で協定をつくったことが始
まりとされている。つまり，コーデックスは，様々な国民の「食生活を支える
規格・標準」としての役割を果たしているのである。

　「暮らしを支える規格・標準」は文明社会の基盤であることから，こうした
規格・標準のあり方を考えることは，どのような文明社会を築きたいのかを考
えることにつながる。それは，個々の商品レベルに留まるものではなく，様々
な商品や施設などの関連性を踏まえた上で，望ましい未来の社会を構想するこ
となのである。

注

(1)　一般社団法人日本品質管理学会（2015）「日本品質管理学会規格　プロセス保証の指
　　針　JSQC-Std 21-001：2015」4頁参照　https://www.jsqc.org/ja/oshirase/21-001sample.
　　pdf（2023.08.12アクセス）
(2)　「JIS D 9111」日本産業標準調査会　https://www.jisc.go.jp/index.html（2023.08.12
　　アクセス）
(3)　https://www.soumu.go.jp/johotsusintokei/whitepaper/r04.html（2023.08.12アクセス）
(4)　これは，1986年に英国で初めて確認された牛の疾病（タンパク質の異常）で，以降，
　　欧米諸国に広がり，2001年には日本でも確認されたことから，同年より全頭検査が行
　　われるようになった。詳細は，厚生労働省「牛海綿状脳症（BSE）について」参照
　　https://www.mhlw.go.jp/stf/seisakunitsuite/bunya/kenkou_iryou/shokuhin/bse/index.
　　html（2023.08.12アクセス）
(5)　https://www.mlit.go.jp/common/001288695.pdf（2023.08.12アクセス）
(6)　同上

参考文献
江藤学（2021）『標準化ビジネス戦略大全』日本経済新聞社。

田中正躬（2017）『国際標準の考え方──グローバル時代への新しい指針』東京大学出版会。

練習問題

- デファクトスタンダードは，その戦略がうまくいけば，市場を独占・寡占することができ，一企業もしくはそのグループ企業での利益（私益）を最大化することができる。反面，一企業の都合で規格・標準の運用が左右されるため，多くのユーザーや世の中全体の公益を損なうことがある。では，規格・標準をとおして，一企業が私益と公益のバランスをとるにはどうしたらいいのか。どのようなときに，どのような条件が揃うと，規格・標準をとおした公益への配慮は欠如するのか。具体的な例を挙げて論じなさい。
- 規格・標準はなぜ林立するのか。ひとつの業界や，地域・国家，世界中の公的機関や企業が統一されたひとつの規格・標準で合意しないのはなぜか。「規格＝取り決め」であり，利害を共有するメンバーが「みんなで決めたルール」なのに，うまく統率できないのはなぜか。具体的な事例を挙げて，規格・標準の現状と課題を論じなさい。

第 4 章

商品のラベル

商品のラベル（表示）には様々な種類があるが，それらはみな，「取引の公平性」と「市場の安定化」を保つ上で重要な役割を果たしている。ここでは，様々なラベルの特徴と役割について論じていく。

キーワード：注意喚起表示　景品表示法　食品表示法　栄養強調表示　保健機能食品　期限表示

1　ラベルの意義

(1)　適正表示

　商品には，名前やブランドロゴ，原材料表示や成分表示が記されたラベルが印刷・貼付されており，ラベルのない商品を見かけることはほとんどない。にも関わらず，商品のラベルは何のためにあるのか，その意義を改めて考えることはほとんどない。商品のラベルは，「当たり前の存在」のように見られているが，その役割は非常に大きく，決して「当たり前の存在」などではない。

　商品のラベルは，企業による「商品情報の開示」であり，消費者の欲しているもの（商品特性）を表示する役割がある。適正なラベル表示があることで，消費者は「誰が，いつ，どこで，どのようにしてその商品をつくったのか」，そして「どのような満足が得られるのか」を知ることができ，必要な商品を選ぶことができる。

　したがって，商品のラベルは，消費者の商品選択に大きな影響を及ぼす。食物アレルギーや血糖値，カロリーなどを気にしている人は，成分表示がなければ適切な商品を選択できないし，自身の健康管理もままならない。つまり，適

切な表示がなければ，消費者は欲しいものが手に入らないだけでなく，経済的被害や身体的（健康）被害を受ける可能性もある。ラベルは，適正な表示をとおして，「消費者の商品選択の権利を保護・保証する」という役割を果たしている。

商品のラベルには，表示の適正化を図るために様々な法規制が設けられている。消費者の商品選択に必要な一定の表示を義務づけるものとしては，食品表示法（消費者庁），家庭用品品質表示法（消費者庁）などがある。虚偽または誇大な表示（誇大広告など）の規制には，景品表示法（消費者庁），健康増進法（消費者庁），食品衛生法（厚生労働省，消費者庁），特定商取引法（消費者庁），薬機法（厚生労働省），不正競争防止法（経済産業省），証券取引法（金融庁），刑法の詐欺罪（246条），軽犯罪法などがある。産業の発展と消費者利益への寄与を目的とするものには，JAS法（農林水産省）やJIS法（経済産業省）にもとづく品質表示（JASマークやJISマークなど）がある。このように，商品や事案によって様々な法律が適用される。

これらの法律に則って企業が適正なラベル表示をすることで，消費者は適切な商品選択を行うことができる。適正な表示が守られていなければ，中身の解らない商品や，虚偽・誇大表示が横行し，消費者は適切な選択ができないだけでなく，経済的・身体的被害を受け，社会全体にも大きな損失をもたらす。詐欺的表示を行う企業の蔓延は，適正な表示を心がける企業の事業意欲を削ぎ，淘汰してしまう。消費者の間では，適切な商品を見分けることのできる者と，そうでない者との間に大きな格差が生じる。結果，「取引の公正性・公平性」は失われ，「信頼にもとづく経済社会」は成り立たなくなる。それは言わば，「誰もが互いに不信感を抱きながら買い物（商取引）をする社会」である。

企業は，法にもとづく適正な表示のもとで価格や品質などの競争をしている。適正表示が遵守されていることで，市場競争は有効に機能する。つまり，商品のラベルに関する法律は，市場経済の基盤を支える「ルール」として存在しており，法にもとづく適正なラベル表示は，「企業競争の適正化」を促すことで「取引の公正性・公平性」と「市場の安定化」に寄与しているのである。

⑵　注意喚起表示

　商品の注意喚起表示には，商品の使用時における「リスク軽減」と，「デメリット表示」という2つの役割がある。

　「リスク軽減」とは，商品の使用上の注意を文字やイラストなどで表記することで，使用時に危害が発生するリスクを軽減する役割である。食品の場合，「やけど注意」「切り口注意」「袋（パウチ）のまま電子レンジで加熱しないで下さい」といった，調理・保存する際の注意事項が記されている。また，加工食品の原材料表示の欄外には「本品の製造工場では，□□□を含む製品を生産しています」といった表記がなされることがある。これは，工場内でアレルギー物質の意図しない混入が生じる可能性を否定できないときに，食品メーカーが行う注意喚起表示である。

　「デメリット表示」とは，商品の使用によって被る不利益な事項を表記したものをいう。繊維製品では，着用中の摩擦による毛玉の発生や，洗濯による色落ちや色移りなどの可能性が表記されている。アルコール飲料には「妊娠中や授乳期の飲酒は，胎児・乳児の発育に悪影響を与えるおそれがあります」という表記がなされている。加工食品については，食物アレルギーを発生させる頻度が高いものや，重い症状が出やすい特定原材料7品目（卵，乳，小麦，そば，落花生，えび，かに）は，ラベルに表記する義務が食品表示法で定められている。また，特定原材料に準ずる21品目（アーモンド，いか，オレンジなど）は，ラベル表示が推奨されている。但し，これは店頭での対面販売品や外食で提供される料理には適用されない。

　商品のラベルには，この他に，原材料表示，栄養成分表示，製造年月日，賞味期限，消費期限，製造・販売業者の名前と連絡先など，様々な情報が記されているが，情報過多になると消費者にとってはかえって見づらくなり，不利益となってしまうので，簡潔で解りやすい表示が望まれる。

2　不当景品類及び不当表示防止法（景品表示法⁽¹⁾）

　これは，過大な景品類や虚偽・誇大な表示による不当な表示を規制し，公正な競争を確保することで，一般消費者の利益を保護する法律である。目的は，不当な表示や過度の景品提供による顧客誘引の規制・防止，消費者の自主的かつ合理的な商品及び役務（サービス）の選択の確保，公正な競争の確保にある。消費者庁は，景品表示法に違反する行為が認められた場合，必要に応じた措置命令と課徴金の納付命令を行う。

　不当表示の規制は，1960年に起きたニセ牛缶事件が契機となっている⁽²⁾。これは，「牛肉大和煮」として牛の絵が描かれた缶詰が，中身は鯨肉だったという事件で，その後の調査では，ほとんどが馬肉だったことが判明した。この問題に対する公正取引委員会での検討の末，消費者の商品選択を歪める「不当誘引行為」を規制する法律として，1962年に「不当景品類及び不当表示防止法」が成立した。

(1)　景品類の制限及び禁止

　景品表示法第4条は，過大なおまけや豪華な景品で消費者の購買意欲を煽ることを禁止しており，景品類の価額の最高額や総額，景品類の種類や提供方法，その他景品類の提供に関する事項の制限及び禁止が定められている。景品類とは，顧客を誘引する手段として取引に付随して提供される物品や金銭などの経済的利益をさす。価額とは，品物の値打ちに相当する金額（客観的な評価額，Value）をいい，商品の販売価格（売りたい値段）とは異なる。過大な景品類の制限及び禁止には，景品類の提供方法によって以下の3種類がある。

①一般懸賞

　これは，商品の購入者に対して，くじなどの偶然性や，特定行為の優劣（クイズやパズルの正誤）などによって景品類を提供することをいう。景品類の限度額は，懸賞による取引価額が5,000円未満の場合は取引価額の20倍，取引価額

が5,000円以上の場合は10万円となる。いずれも，景品限度額の総額は懸賞に係る売上予定総額の2％となる。

②共同懸賞

これは，一定地域内の同業者や商店街が共同して行う懸賞をさす。景品類の限度額は，取引価額に関わらず30万円で，総額は懸賞に係る売上予定総額の2％となる。

③総付景品

これは，商品の購入者や来店者にもれなく景品類を提供することをいう。景品類の限度額は，懸賞による取引価額が1,000円未満の場合は200円，取引価額が1,000円以上の場合は取引価額の20％となる。

(2)　不当な表示の禁止

不当表示とは，顧客を誘引するための手段として広告等の表示を行う際，商品及びサービスの取引に関する事項について，一般消費者に誤認されるおそれのある表示をいう。なかでも，誇大表示や虚偽表示は，商品・サービスの製造方法や効能・効果・性能について誇張した内容を明記したり，明記しなくてもほのめかせたりすることをいう。

不当表示には，以下の3種類がある。

①優良誤認

これは，商品または役務の品質，規格その他の内容に関する不当表示をいい，以下の2つがある。

- 実際のものよりも著しく優良であると消費者に誤認される表示
  商品の原産地や成分（重量や混入量）を偽ったり，商品の効果・効能を誇張したりする場合。業者によるやらせ投稿やランキング操作によって，実際のものよりも優良であると誤認されるようなケース。
- 競争事業者の商品よりも著しく優良であると消費者に誤認される表示
  他社も同じ技術を採用しているにも関わらず，自社独自，新技術といった表示をすること。

②有利誤認

　これは，商品または役務の価格，その他の取引条件に関する不当表示をいい，以下の2つがある。

- 取引条件について，実際よりも著しく有利であると消費者に誤認される表示

　優待サービスや限定販売，抽選と表示しながら，実際には誰にでも提供・販売されている場合。完全無料と表記しながら付加的・追加的サービスには課金される場合。実売価格よりも高い通常価格を表示しながら，最近相当期間にわたって通常価格での販売実績がない「二重価格」表示。

- 取引条件について，競争事業者よりも著しく有利であると消費者に誤認される表示。「他店よりも安値」「地域最安値」という表示が根拠のないものである場合。

③その他の不当表示

　これは，商品または役務の取引に関して，消費者に誤認されるおそれがあるとして内閣総理大臣が指定する表示をいい，以下の6つがある。

- 無果汁の清涼飲料水等についての表示
- 商品の原産国に関する不当な表示
- 消費者信用の融資費用に関する不当な表示
- 不動産のおとり広告に関する表示
- おとり広告に関する表示（一部の商品を安くして限定販売する方法など）
- 有料老人ホームに関する不当な表示

　景品表示法の違反に対しては，措置命令と，課徴金命令の2つの行政処分が定められている。措置命令とは，①違反行為の差し止め，②再発防止策の実施（マニュアル作成や研修の実施など），③消費者への周知徹底（新聞等での公示），④今後，同様の違反行為を行わないことなどを命ずる行政処分をいう。課徴金命令とは，課徴金の国庫への納付を命ずる行政処分をいう。

(3)　公正競争規約制度

　公正競争規約制度とは，各業界における商品特性や取引の実態に即して，広告などに必ず表示すべき事項や，特定の表現を表示する場合の基準，景品類の提供制限などを定めた「表示に関する業界のルール」である。この規約では以下の事項が検討される。

①必要な表示事項を定めるもの

　　原材料名，内容量，賞味期限，製造業者名等の表示を義務づけることなど。

②特定事項の表示基準を定めるもの

　　全日本不動産協会では，新築は建築後1年未満，徒歩○分という場合は時速80m／分で算定し，物件名に公園や旧跡などの名称を使う場合は300m範囲に限り，駅名は最寄り駅の名称だけを使うといった表示基準が設けられている。

③特定用語の表示を禁止するもの

　　全国飲用牛乳公正取引協議会では，規約にもとづいて適正に製造され，中身が適正に表示されている牛乳には「公正マーク」の表示が認められている。他には，原材料が生乳100％でなければ「牛乳」と表記できず，それ以外は加工乳や乳飲料になることや，乳脂肪分や無脂肪固形分などが優良表示基準を満たした生乳のみを原料につくられた牛乳のみに「特選」「特濃」と表示できるといった基準がある。

　公正競争規約に参加する企業のメリットは，規約を遵守していれば，景品表示法や関係法令に抵触することなく商品を販売することができる点にある。それによって，企業は消費者の信頼を高めることができ，結果的には業界全体に対する消費者の信頼を高めることができる。

3　食品の表示

　2015年，食品の表示について定めた「食品表示法」が施行された。これは，食品衛生法，JAS法，健康増進法で定められていた食品表示に関する規定を一元化したものである。目的は，①食品を摂取する際の安全性の確保，及び自主的かつ合理的な食品の選択機会を確保すること，②消費者の利益の増進を図り，国民の健康の保護・増進，食品の生産・流通の円滑化，消費者の需要に即した食品の生産振興に寄与することにある。食品の製造者，加工者，輸入業者または販売者には，以下の食品表示基準の遵守が義務づけられている。

(1)　生鮮食品の表示

　消費者に販売されているすべての生鮮品には，名称と原産地の表示義務がある。農産物の場合，国産品は都道府県名，輸入品は原産国名を表示する。なかには，市町村や一般に知られている地名（夕張，信州，カリフォルニア州など）が記されることもある。袋詰めされた玄米・精米は，名称，原料玄米，内容量，精米は精米時期，玄米は調整時期，輸入品は輸入時期，食品関連事業者（表示内容に責任を有する者，おもに販売者）の氏名または名称，住所および電話番号を表示する。畜産物の場合，加工者の名称と加工所の所在地を表示する。水産物の場合，国産品は漁獲した水域名，または養殖場がある都道府県名，輸入品は原産国名を表示する。

(2)　加工食品の表示

　国内で生産され，パックや缶，袋などに包装された加工食品には，名称，原材料名，原料原産地名，添加物，内容量，消費期限または賞味期限，保存方法，栄養成分の量および熱量（エネルギー），食品関連事業者の氏名または名称，および住所，製造所または加工所の所在地，および製造者または加工者の氏名または名称等を表示する。輸入された加工食品には，名称や原材料名のほか，原

産国名，輸入業者も表示する。原材料名は，原則として，使用したすべての原材料を重量順（重量の割合の高い順）に表示する。これは，包装容器に入れられた食品を対象としており，無包装のバラ売りや量り売りは対象外となる。

①原料原産地名

　原料原産地名は，原則として，すべての加工食品のいちばん多い原材料を表記する「国別重量順表示」をとる。国別重量順表示が難しい場合は，「又は表示」か，「大括り表示」をとる。但し，外食や，包装容器に入れずに販売したり，つくったその場で販売したりする場合は除く。

国別重量順表示

名　称	チョコレート
原材料名	カカオマス（ベトナム産），香料

又は表示

名　称	チョコレート
原材料名	カカオマス（ベトナム産又はガーナ産），香料

大括り表示

名　称	チョコレート
原材料名	カカオマス（輸入），香料

②添加物表示

　食品添加物とは，保存料，甘味料，着色料，香料など，食品の製造過程において使用されるもの，または食品の加工・保存の目的で使用されるものをいう。これは，原材料に占める重量の割合の多いものから順に記載する。添加物の表示には，以下の2通りがある。

原材料名と添加物を，それぞれ事項名を設けて表示する

原材料名	小麦粉，コーンスターチ，植物油脂，食塩
添加物	調味料（アミノ酸等），着色料（紅麹色素），香料

原材料名の欄に原材料と添加物をスラッシュや改行，別欄で区別して表示する

原材料名	小麦粉，コーンスターチ，植物油脂，食塩／調味料（アミノ酸等），着色料（紅麹色素），香料

原材料名	小麦粉，コーンスターチ，植物油脂，食塩 調味料（アミノ酸等），着色料（紅麹色素），香料

原材料名	小麦粉，コーンスターチ，植物油脂，食塩
	調味料（アミノ酸等），着色料（紅麹色素），香料

　添加物のなかでも，加工の際に添加されても最終食品には残らないものや，残っても微量なために効果を発揮しない以下の添加物については，表示が免除される。

■キャリーオーバー

　菓子類の調味料や保存料のように，原材料の製造・加工段階では使用されるが，当該食品の製造・加工段階では使用されず，原材料から持ち越された添加物が当該食品には効果を発揮できる量より少ない量しか含まれていないものは，表示義務はない。製造・加工段階で使用した添加物は表示義務があるが，弁当の漬物など，他社から仕入れた加工食品の添加物は表示義務がない。

■加工助剤

　これは，食品の製造・加工段階で使用されても，最終製品には残留しないも

の。その食品に通常含まれる成分と同じ成分に変えられ，成分の量が明らかに増えないもの，出来上がった食品に含まれる量が少なく，その成分が食品の品質に影響を与えないものをさす。プロセスチーズに用いられる炭酸水素ナトリウム（重曹）や，魚肉練り製品に用いられるリン酸塩などである。

■栄養強化剤

ビタミン類やミネラル類など，食品の栄養強化を目的として使用されるもの。商品のイメージアップのために，あえて表示されることもある。

③栄養成分表示

容器包装に入れられ，一般に提供される加工食品及び添加物には，原則として栄養成分と熱量を表示する義務がある。表示は，熱量，たんぱく質，脂質，炭水化物，ナトリウム（食塩相当量）の順で表記する。なかには，表示が推奨されている栄養成分（飽和脂肪酸，食物繊維）や，任意で表示されている栄養成分（亜鉛やカルシウムなどのミネラル，ビタミン類など）も表示されていることがある（表4-1）。

表4-1　栄養成分表示の例

栄養成分表示（100g当たり）	
熱量（エネルギー）	300kcal
たんぱく質	10.5g
脂質	9g
炭水化物	80g
ナトリウム（食塩相当量）	0.5g

（出所）筆者作成

栄養成分の含有量を強調する「栄養強調表示」には，含有量が一定の基準を満たす必要がある①「絶対表示」と，他の同種の食品と比べた相対評価を示す②「相対表示」，③「無添加強調表示」とがある。

■絶対表示

これは，食品表示法で定められた基準にもとづいて，特定の栄養成分が高い，もしくは低いことを表示できるものである。「高○○」「□□豊富」といった，

表4-2　絶対表示の基準

	高い，多い，豊富，たっぷり等	含有，使用，添加等
たんぱく質	16.2g（8.1g）	8.1g（4.1g）
ビタミンC	30mg（15mg）	15mg（7.5mg）
カルシウム	204mg（102mg）	102mg（51mg）
食物繊維	6g（3g）	3g（1.5g）

注：食品100g当たり，（　）内は100ml当たり
（出所）筆者作成

表4-3　適切な摂取ができる表示基準

	無，ゼロ，ノン，レス等	低，控えめ，ライト，ダイエット
熱　量	5kcal（0.5g）	40kcal（20kcal）
糖　類	0.5g（0.5g）	5g（2.5g）
ナトリウム	5mg（5mg）	120mg（120mg）
脂　質	0.5g（0.5g）	3g（1.5g）
コレステロール	5mg（5mg）	20mg（10mg）

注：食品100g当たり，（　）内は100ml当たり
（出所）筆者作成

特定の栄養成分が補給できる表示基準の例は，**表4-2**の通りである。一方，「ゼロ○○」「ライト□□」のように，適切な摂取ができる表示基準の例は，**表4-3**の通りである。

■相対表示

　これは，他の同種の食品と比べて栄養成分の量や熱量が多い，もしくは少ないことを強調する表示である（**表4-4**）。条件は，強調したい栄養成分や熱量の「増加量／低減量」が，「強化／低減された旨の基準値（食品表示基準）」以上／以下であること，また，比較対象食品に比べて「強化／低減された旨の表示の基準値（食品表示基準）」以上であること。相対表示を行う場合は，以下の事項を強調表示した部分に近接した場所に表示する。

・比較対象食品を特定するために必要な事項

表4-4　相対表示の基準

	強化, アップ, プラス等			減, オフ, カット
ビタミンC	10mg （10mg）		熱量	40kcal （20kcal）
カルシウム	68mg （68mg）		糖類	5g （2.5g）※
鉄	0.68g （0.68g）		ナトリウム	120mg （120mg）※
食物繊維	8.1g （4.1g）※		脂質	3g （1.5g）※

注：食品100g当たり，（　）内は100ml当たり，※は25%以
　上の相対差が必要
（出所）筆者作成

　　自社従来品□□，日本食品標準成分表○○年版，コーヒー飲料標準品など
　・強化／低減された旨を明記する栄養成分の量が，比較対象食品に比べて強
　　化／低減された量，または割合
　　　□□g増，○○％プラス，△△％カットなど

■無添加強調表示

　これは，食品に糖類，またはナトリウム塩を添加していない旨を表示したも
のである。これには，いかなる糖類／ナトリウム塩も添加されていないこと，
糖類／ナトリウム塩に変わる原材料または添加物（ジャム，甘みのついたチョコ
レートや果実，非還元濃縮果汁など／ウスターソース，ピクルス，醤油など）を使用
していないこと，などの基準がある。

(3)　保健機能食品の表示

　保健機能食品とは，①特定保健用食品，②栄養機能食品，③機能性表示食品
があり，国が安全性や有効性などを考慮して設けた基準を満たしている場合に，
これらを称することができる。これらの食品表示については，消費者が食生活
の状況に応じて安心して食品の選択ができるよう，適切な情報提供を目的とし
た保健機能食品制度が設けられている。保健機能食品と食品，医薬品との違い
は，図4-1のとおりである。

図4-1　保健機能食品と食品，医薬品との違い

（出所）厚生労働省「いわゆる『健康食品』のホームページ」をもとに筆者作成

図4-2　特定保健用食品の表示

（出所）消費者庁（2022）「知っておきたい食品の表示」

①特定保健用食品（特保）

　これは，健康の維持増進に役立つことが科学的根拠にもとづいて認められ，表示が許可されている食品をさす。食品の効果や安全性については国が審査を行い，食品ごとに消費者庁が許可をしている。特定保健用食品，および条件付き特定保健用食品には，**図4-2**のマークが付けられている。

　特定保健用食品の必要記載事項は以下のとおりである（**図4-3**）。特定保健用食品である旨，許可等を受けた表示の内容，栄養成分の量，および熱量，1日あたりの摂取目安量，摂取方法，摂取上の注意，バランスのとれた食生活の普及啓発を図る文言，栄養素等表示基準値が示されている関与成分については，1日あたりの摂取目安量に含まれる当該成分の栄養素等表示基準値に対する割合，調理または保存方法に関して特に注意を要するものには当該注意事項。これは，栄養機能食品や機能性表示食品にも表示される。

②栄養機能食品

　これは，1日に必要な栄養成分（ビタミンやミネラルなど）の補給・補完のために利用できる食品をさす。既に科学的根拠が確認された栄養成分を一定の基

図4-3　特定保健用食品の必要記載事項

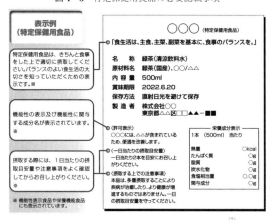

(出所) 消費者庁 (2022) 「知っておきたい食品の表示」[7]

準量含んでいれば，届け出をしなくても，国が定めた表現によって当該成分の機能を表示することができる。商品には，「栄養機能食品（□□）」と表示される（□□はビタミン等の名称）。

③機能性表示食品

　これは，事業者の責任において，科学的根拠にもとづいた機能性を表示した食品をさす。販売前に，安全性および機能性の根拠に関する情報などを消費者庁長官に届け出る必要があるが，個別審査は不要である。

⑷　健康食品の表示

　健康の保持・増進効果などが必ずしも実証されていないにも関わらず，その効果などを期待させるような広告その他の表示は，景品表示法の優良誤認や健康増進法の虚偽誇大表示となり，これらを併せた「虚偽誇大表示」は禁止されている。健康食品とは，保健機能食品を含め，健康増進法に定められた健康保持・増進効果などを表示して販売する食品をいう。疾病の治療や予防効果，身体機能の増強や増進効果，名称やキャッチフレーズによる表示，含有成分の表示，学説や体験談等の引用などについて，表示全体の訴求内容が著しく事実に

相違する表示や，著しく誤認させる表示をしてはならない。

(5)　遺伝子組換え食品の表示

　農産物8作物（大豆やとうもろこしなど）と，それらを原料とした加工食品（豆腐，納豆，みそ，コーンスナック菓子，ポテトチップスといった33食品群）については，遺伝子組み換え食品である場合，その旨を表示することが義務づけられている。但し，遺伝子組換え作物が，原材料の重量の上位3位までに入っており，かつ原材料及び添加物の重量の5％以上を占めている場合にのみ該当する。

　表示方法は，従来の食品と組成や栄養価が同等のものについては，以下の2とおりがある。①加工後も組換えられたDNAや，これによって生じたたんぱく質が検出可能なものには，a) 遺伝子組換え農産物を原材料とする場合，「遺伝子組換え」などの表示義務がある。b) 遺伝子組換え農産物と，非遺伝子組換え農産物が分けて管理されていない農産物を原材料とする場合，「大豆（遺伝子組換え不分別）」などの表示義務がある。c) 遺伝子組換えでない農産物を原材料とする場合，「大豆（遺伝子組換えでない）」といった任意表示がとられる。②組換えられたDNAや，これによって生じたたんぱく質が加工後に検出できない加工食品（大豆油や，醤油，コーン油など）の場合，「大豆（遺伝子組換え不分別）」「大豆（遺伝子組換えでない）」といった任意表示がとられる。

　従来の食品と組成や栄養価が著しく異なるもの（高オレイン酸大豆など）については，「大豆（高オレイン酸遺伝子組換え）」といった表示が義務づけられている。

(6)　食品の期限表示

　食品に表示される期限表示には，劣化の早さを基準に「消費期限」と「賞味期限」の2種類が設けられている。「消費期限」は，牛乳や豆腐のように，品質が急速に劣化しやすい食品が，腐敗などで衛生上の危害を発生する恐れがない期限をいう。製造・加工日から概ね5日以内に消費すべき食品（期限が過ぎたら食べない方がよい食品）に適用される。「賞味期限」は，缶詰やレトルト食

品，冷凍食品，ハム・ソーセージのように，劣化速度が比較的緩やかな食品の品質が十分保持される期限をいう。「消費期限」と「賞味期限」は，食品が未開封の状態で，ラベルに表示されている方法で保存した場合の期限であり，所定の方法で保存していない場合や開封後では，期限前でも品質が劣化していることがあるので注意が必要となる。

4　農林水産品等の品質表示

⑴　JAS

　JAS（Japanese Agricultural Standard：日本農林規格）は，JAS法（日本農林規格等に関する法律）にもとづく国家規格で，農林物資（農林水産物と食品）の品質基準と品質表示だけでなく，それらの生産方法（プロセス）や取扱方法（サービス等），試験方法なども対象とする制度である。目的は，農林水産分野における適正かつ合理的な規格の制定と，認証及び試験等の実施，農林物資の品質表示の適正化を講じることで，農林物資の品質改善，生産・販売の合理化及び高度化，取引の円滑化，及び消費者の合理的な選択の機会の拡大を図り，農林水産業及び関連産業の健全な発展と消費者の利益保護に寄与することにある。JAS規格にもとづく品質基準を満たした農林物資には，JASマークを商品や広告に表示することができる（図4-4）。

図4-4　JASマーク／特色JAS／有機JASマーク

（出所）農林水産省「JASってどんな制度？」[8]

⑵　特色JAS

　これは，特別な生産・製造方法に関する基準を満たす農林物資や，特色のあ

る品質を有する農林物資に用いられるマークで，JAS 規格よりも高い付加価値やこだわりのある農林物資（熟成ハム・ソーセージ類やストレートジュースなど）に付与される（図 4-4）。

(3)　有機 JAS

これは，有機農産物，有機畜産物，及び有機加工食品に関する規格で，JAS 法に定められた基準を満たし，有機 JAS マークが付けられたものでなければ，「有機」，「オーガニック」等の表示をしてはならない（図 4-4）。有機農産物とは，化学肥料や農薬の使用を避けることを基本として，播種・植付け前 2 年以上（多年生作物は収穫前 3 年以上），及び栽培中に，原則として化学肥料や農薬を使用しないで生産された農産物で，遺伝子組み換え種苗は使用しない。有機畜産物とは，飼料はおもに有機飼料を与え，放牧などストレスを与えずに飼育し，抗生物質等を病気の予防目的で使用せず，遺伝子組み換え技術を使用しないで生産された畜産物をさす。有機加工食品とは，化学的に合成された添加物や薬剤の使用は極力避け，水と食塩を除いた原材料の95％以上が有機農産物，有機畜産物または有機加工食品で，薬剤により汚染されないよう管理された工場で製造され，遺伝子組み換え技術を使用しないで生産された加工食品をさす。

有機食品の輸出入に関しては，自国と相手国との有機認証体制等が同等であること，即ち国家間の「同等性」が認められれば，自国や相手国の有機認証を取得しなくても有機食品として輸出入できる。EU 27カ国と，イギリス，アメリカ，スイス，カナダ，台湾などが，日本との有機同等性を相互承認している。

(4)　特別栽培農産物

当該農産物が生産された地域の慣行レベルに比べて，節減対象農薬の使用回数が50％以下で，かつ，化学肥料の窒素成分量が50％以下のものを特別栽培農産物という。農林水産省新ガイドライン表示に則って，節減対象農薬と化学肥料の削減率，栽培責任者名と住所・連絡先，確認責任者名の住所・連絡先を表示する。「無農薬」「無化学肥料」といった表示は，優良誤認を招くため禁止さ

れている。「減農薬」「減化学肥料」という表示も，削減の比較基準や割合が不明確なため，表示は禁止されている。

注

(1) 景品表示法は，2009年に公正取引委員会から消費者庁に移管されたが，同委員会は消費者庁長官から景品表示法の違反に関する調査権限の委任を受け，同法違反の疑いに関する情報の受付や相談業務などを行っている。公正取引委員会 https://www.jftc.go.jp/index.html（2023.08.12 アクセス）

(2) 景品表示法と不当表示事件に関する史的・社会的背景については，伊従寛「不当表示事件と JARO 設立」参照 https://www.jaro.or.jp/jaro40/j_choice/index.html（2023.08.12 アクセス）

(3) これは，景品表示法第31条の規定により，公正取引委員会及び消費者庁長官の認定を受けて，事業者又は事業者団体が表示又は景品類に関する事項について自主的に設定される。2020年時点で，公正競争規約は102規約が設定されており，表示関係は65規約（食品35規約，酒類7規約，その他23規約），景品関係は37規約（食品11規約，酒類7規約，その他19規約）である。

(4) https://www.caa.go.jp/policies/policy/food_labeling/（2023.08.12 アクセス）

(5) https://www.mhlw.go.jp/stf/seisakunitsuite/bunya/kenkou_iryou/shokuhin/hokenkinou/index.html（2023.08.12 アクセス）

(6) https://www.caa.go.jp/policies/policy/food_labeling/information/pamphlets/assets/food_labeling_cms202_220131_01.pdf（2023.08.12 アクセス）

(7) https://www.caa.go.jp/policies/policy/food_labeling/information/pamphlets/assets/food_labeling_cms202_220131_01.pdf（2023.08.12 アクセス）

(8) https://www.maff.go.jp/j/jas/（2023.08.12 アクセス）

参考文献

消費者庁（2015）「消費者の皆様へ『機能性表示食品』って何？」https://www.caa.go.jp/policies/policy/food_labeling/foods_with_function_claims/（2023.08.12 アクセス）

消費者庁（2022）「よくわかる景品表示法と公正競争規約」https://www.caa.go.jp/policies/policy/representation/fair_labeling/#pamphlet（2023.08.12 アクセス）

消費者庁（2022）「知っておきたい食品の表示」https://www.caa.go.jp/policies/policy/food_labeling/information/pamphlets/（2023.08.12 アクセス）

消費者庁・経済産業省（2017）「家庭用品品質表示法ハンドブック」https://www.caa.go.jp/policies/policy/representation/household_goods/pamphlet/（2023.08.12 アクセス）

練習問題

- 体調がすぐれないとき，我々は近所のドラッグストアに駆け込み，薬のパッケージ（ラベル）を見比べながら薬を選ぶか，店員が勧める薬を買う。それが当たり前のことのようにできるのはなぜか。どのような社会基盤が「当たり前の日常」を支えているのか指摘しなさい。
- 景品表示法違反で行政処分が下された事例を調べ，その概要をまとめなさい。

次の表示は，どのような商品にみられ，どの位置に，どのような表記（説明）がなされているか調べなさい。

	商品名	位置と表記方法
注意喚起表示		
絶対表示		
相対表示		
無添加強調表示		
特定保健用食品の表示		
栄養機能食品の表示		
機能性表示食品の表示		

第 5 章
商品企画とアイデア発想法

この章では，商品企画の基本的な手法とアイデア発想法について論じていく。[1]
商品企画では，社会構造や市場動向を把握した上で，市場細分化によるター
ゲット設定を行い，アイデア発想（アイデアの組み合わせ）を行うというプ
ロセスが重要になる。

キーワード：市場細分化　プロダクトアウト　マーケットイン　ダイアログ
　　　　　　アイデア発想法　親和度　欠点列挙法　ライフスタイル発想法
　　　　　　スキャンパーシート

1　商品企画の基本的手法

(1)　商品企画とは

　商品企画とは，商品開発の前段階に位置し，新商品や改良品のアイデアやコ
ンセプトを考え出し，それを企画書などで明示化・明文化していく作業である。
商品開発は，商品企画で提示されたアイデアやコンセプトをもとに，「実体の
ある販売可能な商品」にしていく作業である。商品企画で考え出されたアイデ
アは，「顧客はこんな商品を望んでいるのではないか」という仮説でもある。
その仮説を商品開発で実体化し，実販売で実行した上で，売上データや顧客ア
ンケートなどから仮説を検証し，うまくいかなければ仮説を修正し，再検証し
ていく。商品企画は，この［仮説−検証］プロセスの最初のステップを担って
いる。

　商品企画では，アイデア出しが優先されるため，多少，実現困難な要素が含
まれていても構わないが，商品開発では許されない。原材料の入手ルートや加

工法法，製造コストなど，実現困難な要素は，すべて実現可能にしなければ，「実体のあるもの」として販売できないからである。

　商品企画では，アイデア出しが優先されるとはいえ，やみくもにアイデアを考え出せばよいというものではない。実現不可能な要素があまりにも多ければ，それはただの空想にしかならない。日本の消費市場を考える上では，少子高齢化した「人口減少社会」を前提条件として考えなければならない。また，家電品や情報通信機器，外食やレジャーなど，ほとんどが「成熟市場」であることも前提となる。したがって，「つくれば売れる時代」ではなく，「つくっただけでは売れない時代」に，どのような商品価値を顧客に訴求していくのかという「商品コンセプト（生活提案）」が重要になる。こうした社会構造の変化や市場動向を踏まえた上で，商品企画を立てていく必要がある。

　また，どんなに優れた企画を立てようとも，商品が市場で受け入れられなければ，売れ残り（在庫の山）になってしまう。企画者や技術者の独りよがりや自己満足による失敗を避けるためにも，市場調査をとおして顧客のニーズを把握し，商品企画を立てていくことが重要である。

　市場調査は，顧客の動向やニーズに関する情報収集と分析を行うことであり，市場の変化や顧客のニーズを知るための情報源となる。商品価値を生み出す「情報（知）」のストックをもとに，顧客の生活を想像しながらアイデア（仮説）を出していくことが，商品企画の第1ステップになる。

(2)　市場細分化

①市場細分化の意義

　商品企画を立てる上では，「誰に，どのような商品価値を訴求するか」が重要になる。ここで有効なのが，「顧客（潜在顧客）は誰か」を明確にすること，即ち市場細分化（Market Segmentation）によるターゲット層の設定である。市場細分化とは，「市場（顧客）は一様ではない」という考えにもとづき，顧客の属性やニーズ，行動パターンなどをもとに，市場をできるだけ同質な顧客グループ，即ちセグメントに分けていくことをいう。この切り分けた各セグメン

トのなかから，自社に適した顧客グループを見つけ出し，メインターゲットや
サブターゲットを設定していく。

　細分化によってターゲット層を設定する意義は，おもに以下の3点にある。
ひとつは，細分化による顧客の絞込み（市場の特定化）を行うことで，特定の
顧客層のニーズに合わせた個別・集中的な対応が可能になる。同時に，「誰に，
何を，どうやって販売すべきか」という戦略を明確にすることもできる。

　次に，市場細分化によって，限られた経営資源の効率的投資，即ち「選択と
集中」が可能になる。あらゆる顧客層に対して一様に商品を販売するよりも，
細分化によって選択された顧客層に絞って，集中的にマーケティングを展開し
ていった方が，資源の無駄なく効率的に成果が得られる可能性が高い。

　そして最後に，市場細分化によって市場の見直しや再確認ができる。メイン
ターゲットを明確化することで，彼らのニーズを満たしたり，再購入を促すた
めの戦略を立てたりすることができる。そうしたなかで，新たなニーズを発
見・創造したり，見落としていた市場（顧客層）を発見したりすることもでき
る。さらには，同じ顧客層をターゲットとする競争相手を絞込み，競争戦略を
見直すこともできる。

②細分化の基準

　市場細分化のおもな基準は，**表5-1**のとおりである。心理的変数のなかの
ライフスタイルは，倹約志向，ヘルシー志向，アウトドア志向といった個人の
興味や関心にもとづく生活パターンで，パーソナリティは，社交的，保守的と
いった個人の性格特性をいう。

　購買行動の①購買態度（態度変数）は，効果階層仮説にもとづいて，商品
（ブランド）に対する消費者の態度形成を分類したものである（**図5-1**）。商品
への認知度やロイヤルティ（忠誠心）が高くなればなるほど，態度レベルは高
くなる。いちばん低いのが，その商品を「知っている／知らない」という「知
名レベル」で，その次が「知っている」という「認知レベル」，次いで「好き
／嫌い」という「感情（情緒）レベル」，そして，「購入するか否か」という
「購買意図レベル」，実際に購入した「購入経験レベル」，購入した結果として

表 5 - 1　細分化の基準

人口統計的変数 （デモグラフィック変数）	年齢（ライフステージ），性別，世帯構成，職業，所得，学歴，宗教など
心理的変数 （サイコグラフィック変数）	ライフスタイル（生活様式），パーソナリティ，社会的階層，価値観など
地理的変数	地域（都道府県や都市），人口規模，気候（温暖，寒冷，多雨，豪雪）など
行動変数	用途や便益：使用目的や使用状況，利便性や経済性など 購買行動①購買態度：認知⇒感情⇒購入経験⇒反復購入 購買行動②購買状況：商品知識と選択基準 ユーザー特性：ノンユーザー／ライトユーザー／ヘビーユーザー

（出所）筆者作成

の「満足度レベル」，満足してリピーターになる「反復購入レベル」へと上昇していく。こうした顧客の態度変数に合わせて，商品企画や戦略を立案していく必要がある。

図 5 - 1　効果階層仮説にもとづく態度レベル

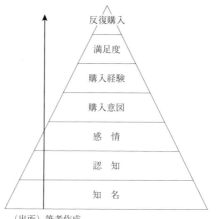

（出所）筆者作成

　②購買状況とは，特定の商品ジャンルに対する消費者の商品知識と選択基準の保有状況をいい，それに合わせて 3 つのレベルに分けられる。
　いちばん低い保有レベルが，「拡大的問題解決状況」で，当該商品ジャンル

で経験値の乏しい消費者（初心者など）の場合，商品選択に必要な知識も選択基準ももたないため，企業による情報提供やアドバイスなどが必要になる。その次が，「限定的問題解決状況」で，必要な知識はあるが，選択基準が不明瞭なケースである。いちばん高いレベルは，「日常的反応行動状況」で，当該商品ジャンルに関して経験値が高い消費者（ヘビーユーザー）は，幅広く深い商品知識をもち，選択基準も明確である。そのため，自身の好みやブランド選好がはっきりしており，情報収集や比較検討をあまり要しない。こうした消費者の商品知識や選択基準の保有レベルも考慮しながら，ターゲット層を明確にして商品企画を立てていく必要がある。

③細分化の要件

　市場細分化を行う上では，以下の点に注意しなければ期待した成果は得られない。

- 測定可能性：細分化の基準は，容易に確定できて，セグメントの諸特性を容易に測定できること。そのためには，人口統計的変数や，購買態度，ユーザー特性（使用頻度）といった基礎的な変数を活用するのが有効である。

- 独自性：分類されたセグメントが特有の反応をすること。他のセグメントと同じような購買行動をとっているのであれば，細分化を行った意味はなく，何の行動指針も得られない。

- 収益性：自社にとって収益性（価値）のあるセグメントであること。十分な収益が期待できないほど規模が小さい層（市場）や，基礎的変数などで自社商品のユーザーにはなり得ないようなグループを抽出しても，望ましい成果は得られない。

- 到達可能性：有望なセグメントが見つかったとしても，効果的に彼らに到達し，ニーズを満たすことができなければならない。そのために必要な資源（ヒト・モノ・設備・情報・資金など）が自社に十分あるのかどうか考慮する必要がある。

⑶　商品企画とリレーションシップ

　商品企画を立てる上では，商品をとおして顧客とどのような関係を築きたいのか，という「カスタマー・リレーションシップ（Customer Relationship）」を考える必要がある。これには，以下の 3 タイプがあり，自社商品に適したタイプを選ぶのが有効である。

①プロダクトアウト（**Product Out**）

　これは，はじめに自社の売りたい商品（技術）や，自社が信じる価値があり，それを積極的に訴求していくタイプ，いわゆる「こだわりの商品提案型」アプローチである。企業が絶対的な情報優位性を有しており，優れた商品（価値）と，顧客の受動的態度が前提となる。その上で，企業主導の積極的なプロモーションが展開される。

②マーケットイン（**Market In**）

　これは，顧客のニーズを探索し，それに適した商品を提供していく，「顧客ニーズ対応型」のアプローチである。顧客ニーズの存在と，その継続的な発見と対応が前提となっており，顧客ニーズがわかりやすい場合に適した手法である。

③ダイアログモデル（**Dialogue Model**）

　これは，企業と顧客はパートナーであり，相互の信頼関係にもとづいて長期的視点から商品（価値）を協創していくという「対話型・価値協創型」アプローチをいう。顧客ニーズが読み取りにくい環境下で，継続的な取引を目指す「リレーションシップ・モデル（Relationship Model）」ともいう。ウェブ・コミュニティを設け，ユーザーからアイデアやリクエストなどを受け付けたり，意見交換をしたりしながら商品企画を進めていくのが，この典型例となる。

⑷　商品化の基本プロセス

　商品企画から商品開発を経て商品化（上市）に至るプロセスは，それぞれの業界や企業によってまちまちではあるが，概ね共通する基本的なプロセスは図 5-2 のようになる。

図5-2　商品化のプロセス

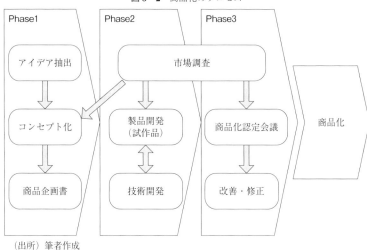

（出所）筆者作成

Phase 1で，商品のアイデアやコンセプトが企画書としてまとめられ，企画会議や商品化会議などで承認されると，Phase 2の試作段階に移る。「1（1）商品企画とは」で述べたように，実現困難な要素は，技術開発などによって実現可能な「製品（実体のあるもの）」となるが，この段階で実現不可能となれば，Phase 1の商品企画に差し戻されて企画を練り直すか，廃案（企画倒れのボツ）になる。

Phase 2で試作品が完成されれば，モニターによる商品テスト（試用や試食）や，試験販売などをとおした市場調査（市場テスト）が行われる。その結果は，Phase 3の商品化認定会議で検討され，商品化の是非（市場性や収益性など）が検討される。改善点などがあれば，Phase 2に差し戻され，改善できなければ商品化は見送り（お蔵入り）となる。こうした様々なプロセスを行き来しながら，ときに2～3年ほどの紆余曲折を経て最終承認されたものが，ようやく商品として市場に提供される。

2　商品企画におけるアイデア発想法

(1)　発想法の基本的手順

　商品企画におけるアイデア発想法の基本パターンは，**図5-3**のようになる。

①最初に取り組むべきテーマや課題を明確に設定する。設定にあたっては，
　当事者間で共通認識がもてるように，簡潔な文言でテーマや課題を記述す
　る。

②テーマや課題に関する現状（市場）のデータを収集・分析する。

③そこから新商品や改良品のアイデアを抽出し，視点の転換を図る。

④その後，新たな方向性やキーワードを策定したら，商品コンセプトを作成
　する。

　図5-3で示した現状分析からアイデア抽出に至るプロセスを詳細に図示す
ると，**図5-4**のようになる。アンケート調査や POS データといった市場
データから現状分析を行い，問題点を抽出していく。そこから顧客のニーズや
不満を見つけ出し，視点の転換を加えながら，新しいアイデアを導出していく。

(2)　アイデア発想法

　以下では，様々なアイデア発想法について論じていく。どのアイデア発想法
においても，基本的なルールは，①できるだけ多くのアイデアを次から次へと
出しながら，すべて書き出していくこと，②アイデアを出しあう時点では良否
を評価しないことである。さらに，最初に出てきたアイデアから，関連する領
域（類義語・類似語，関連語）や，周辺領域，正反対の領域（逆の言葉）のアイデ
アを考えることも，発想を広げる上では重要である。そうして，次々と出てく
るアイデアを整理して並べ替えながら，まだアイデアの出ていない領域を見つ
け出し，そこに関するアイデアを出していくことで，幅の広いアイデアを生み
出すことができる。

　抽出されたアイデアは，KJ 法[(2)]を用いてまとめたり，軸を設けて分類したり

図5-3　アイデア発想の基本的な手順

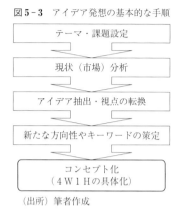

（出所）筆者作成

図5-4　現状分析からアイデア抽出までのプロセス

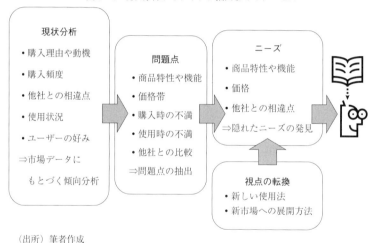

（出所）筆者作成

することで，それぞれのアイデアを整理・類型化し，その位置づけを理解することができる（**図5-5**）。

①親和度による発想法

　これは，商品の使用経験にもとづいてユーザーを類型化し，そこからニーズを考えていく方法である。はじめにユーザーをヘビーユーザー（Heavy User），ライトユーザー，ノーユーザー，ノーアテンション（No Attention）に分ける。

図5-5　アイデアの整理・類型化

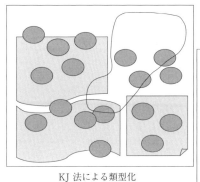

イメージマップによるポジショニング

KJ法による類型化

(出所) 筆者作成

　ヘビーユーザーは，商品への経験値が高いため，個々の機能や性能，使用感などについて明確で具体的な意見をもっている。そこで，彼らからストレートな意見を聞き，それをもとに改善点や新商品のアイデアを考えていく。ライトユーザーは，さほど経験値は高くないので，やや漠然とした満足や不満を抱く人が多い。したがって，これまでの使用経験や，周囲の人の体験談や口コミなどを振り返りながら彼らに意見を出してもらい，それをもとにアイデアを考えていく。ノーユーザーは，自社商品を知っているが購入したことのない人たちなので，彼らが買わない理由や，どういうときなら購入するかを重点的に考える。ノーアテンションは，当該商品を知らない，もしくは興味・関心がない人たちなので，その理由や，どのような条件があれば興味・関心をもってもらえるかを考える。

②欠点列挙法

　これは，商品の購入・使用時の問題点や不満，買わない（使わない）理由など，欠点を思いつく限り出していき，それらをグループ化・類型化することで，改善点のアイデアを抽出していく方法である。できるだけ多くの欠点を列挙したら，似たもの同士をひとつのグループにまとめていく。いくつかのグループができたら，それぞれの内容を反映するようなタイトルを各グループにつける。

各グループのタイトルは，商品の問題点を表す言葉なので，そこから課題を明確化し改善点などを考えていく。あるいは，欠点が数多く挙げられているグループや，欠点の数は少ないものの重要度が高いものは，重点的に改善アイデアを考えていく。

③ライフスタイル発想法

　これは，ユーザーの様々な生活シーン（商品の使用場面）を振り返りながら，そこにおける課題を抽出し，改善のためのアイデアを考えていく方法である。典型的なユーザーの生活シーンをもとにアイデアを考えるだけでなく，ユーザーの属性や経験値にもとづいて，それぞれの生活シーンを比較したり，類似した商品間で，使用方法や使用場面を比較したりするのも有効である。例えば，スマートフォンに慣れている若者の生活シーンを考えるだけでなく，スマホに不慣れな高齢者の生活シーンと比較しながら，それぞれが抱える課題を明らかにし，改善のアイデアを考え出すことも重要である。同様に，仕事でパソコンを利用するビジネスマンと，自宅で長時間利用するゲームユーザー，学習ツールとして利用する大学生とで生活シーンを比較しながら共通点や相違点を抽出し，アイデアを考えていくことも有効だろう。また，緑茶や紅茶といった茶系飲料を飲むときの生活シーン，例えば，自宅，オフィス，カフェ，食事中（食事やデザートとの組合せ），休憩中といった喫食場面を想像しながら，課題やアイデア（新しい飲み方など）を考えることも大切である。

④スキャンパー・シート

　スキャンパー・シート（SCAMPER Sheet）とは，7つのキーワードにもとづくアイデア発想法で，これを商品企画に応用したのが**表5-2**である。[3]

⑤組み合わせを考える

　最もシンプルで汎用性の高い発想法が「アイデアの組み合わせ」である。一見すると，世の中には次々と真新しい商品が登場しているように見えるが，そのほとんどは，既存のアイデアの組み合わせでできている。スマートフォンは「電話＋メール＋カメラ＋Webブラウザ＋時計＋スケジュール帳…」というアプリの組合せである。レストランのセットメニューは「メインメニュー＋サブ

表5-2　スキャンパーシートを用いたアイデア発想

Substitute（置き換え）	牛丼⇒豚丼，ハンバーガー⇒ライスバーガー
Combine（結合）	大福＋イチゴ，寿司＋アボカド
Adapt（改変して適合）	カロリーオフ商品，小分けパッケージ
Modify（商品の改良・修正）	携帯の高度化／簡素化
Put to other purpose（他の用途・目的への変更）	昼・夜⇒朝，女性⇒男性，子供⇒大人
Eliminate（除去）	多機能商品⇒単機能商品
Rearrange/Reverse（並べ替え）	既製品⇒受注生産，逆転（逆巻き寿司）

（出所）筆者作成

　メニュー＋ドリンク＋サラダ」という料理の組合せであり，ショッピングモールは「小売店（スーパー，衣料品店，雑貨店…）＋サービス（レストラン，フィットネス，映画館…）」という店舗（業種・業態）の組合せである。

　これらの商品がもつ機能の種類（多様性）は，個々のアイデア（機能や要素）を増やすか減らすか，即ち「アイデアの足し算と引き算」で成り立っている。様々なアイデアを足していけば，多機能型商品（大型商業施設）になり，極限まで減らしていけば単機能型のシンプルな商品（小型の専門店）になる。したがって，身近な商品が，何と何の「足し算と引き算」でできているかを考えるだけでも，アイデア発想法を十分に実践できるし，できるだけ奇抜で魅力的な組合せを考えることができれば，新商品としての魅力も高まるだろう。

　「アイデアの足し算と引き算」という考えにもとづくと，「マイナスからの発想法」として，必要条件を省いてもビジネスが成り立つような商品を考えることも有意義である。例えば，車のないタクシー会社，ハサミのない床屋や美容院，風呂のないホテルや旅館，運動器具や施設のないフィットネスクラブ，真夏のスキー場，真冬のプールや海水浴場などは，アイデア発想法の貴重な対象となるだろう。配車アプリは，車をもたないタクシー会社といえるだろうし，運動器具や施設を備えることなく，ストレッチや健康体操などで十分な集客を誇っているフィットネスクラブは全国に数多存在しているし，夏場の集客に成功しているスキー場も増えつつある。

これらの成功事例を分析しながら，基本構造となるアイデアの組合せを考えることで，商品企画に求められるアイデア発想の能力は，ブラッシュアップされていくだろう。

⑥アイデア発想とストーリー

SF やファンタジー，戦隊ヒーローといったアニメでは，問題解決のための「手段（武器）」として，様々な「グッズ（商品）」が登場する。そのアニメの人気沸騰を受けて関連グッズが販売されると，ヒット商品となって子供たちから愛用される。つまり，アニメのなかには，潜在的なヒット商品が数多く潜んでいると考えられる。したがって，魅力的なアニメのストーリーとグッズのアイデアを考えることは，アイデア発想法の貴重なトレーニングになる。

こうしたアニメでは，次のようなストーリー（物語の構造）が典型的なパターンとなっている。

　　ある日，主人公の「○○○」が，「（人間世界とは異なる）▲▲▲の世界」に住む「□□□」と出会い，不思議な能力「■■■」を発揮できる「◇◇◇（変身グッズや魔法のグッズ）」を手に入れたことで，世間の様々な問題を解決していく。

上記の○○○や▲▲▲といった記号を様々なキャラクターやグッズなどで埋めていくことで，ストーリーは完成する。そして，このアイデアが魅力的であればあるほど，アニメと関連グッズがヒットする可能性も高くなる。こうしたアイデアを発想する際には，既存のアニメのストーリーと関連グッズを分析することで，新たなストーリー展開や関連グッズを考え出すことができる。また，桃太郎や浦島太郎，かぐや姫といった昔話や，テレビドラマや映画，小説や漫画などをベースに新しいストーリーやグッズを考え出すこともできる。

注
⑴　本章で取り上げるアイデア発想法を含めた，他の様々な手法については，神原理

(2019) を参照されたい。

(2)　KJ法の具体的な手法や，それを応用したアイデア発想法については，神原 (2019) を参照されたい。

(3)　これは，Alexander F. Osborn による「チェック・リスト」を Bob Eberle がアレンジしたものである。神原 (2019) では，スキャンパーシートをアクティブラーニング（ビジネス教育）向けにアレンジし，詳細な解説を記している。Osborn, Alexander Faickney (1963) *Applied imagination: principles and procedures of creative problem-solving*, 3rdrev. ed., Charles Scribner's Sons（上野一郎訳『独創力を伸ばせ』ダイヤモンド社，1982年）．　Eberle, Bob (1997) *SCAMPER : Creative Games and Activities for Imagination Development*, Prufrock Press.

参考文献

神原理 (2019)『ビジネス・アイデア・ストーミング――ビジネス教育におけるアクティブラーニング』デザインエッグ社。

練習問題

• 「表5-1　細分化の基準」を用いて，大学生の購買行動やライフスタイル，アルバイト先の顧客の消費特性，自分が居住する市民の消費特性などを細分化し，それがどのような企業の，どういった商品に貢献するのか説明しなさい。

• 無意味なセグメントとは，どのような基準にもとづいて抽出された顧客グループなのか，具体的な事例を挙げて説明しなさい。

• 「2 商品企画におけるアイデア発想法」の「(2)アイデア発想法」で論じた発想法のどれかひとつを用いて，具体的な商品のアイデアを考え出しなさい。

• 「(2)アイデア発想法」の「⑥アイデア発想とストーリー」で示した，アニメの典型的なストーリーのパターンを参考にしながら，できるだけ奇抜な新しいアニメのストーリーと関連グッズを考えなさい。

第Ⅱ部

商品研究の実践的手法

　商品は，日々の生活のなかで様々な社会・経済的役割を果たしており，その良否や優劣は，個人的なレベルから社会集団レベル，社会・経済的レベルまで多様な視点で評価されている。第Ⅱ部では，こうした商品評価の諸側面と，その実践的手法について考察していく。

第6章
商品評価の意義

この章では，商品評価の概念と意義，その手法について論じていく。史的変遷による評価対象や手法，社会・経済的役割の変化とともに，現代社会における商品評価の複雑さや困難さについて，日頃の消費体験をとおして理解することが重要である。

キーワード：商品叙述　商品鑑定　トータル・クオリティ・マネジメント
　　　　　　　取引関係の疎遠化　情報の非対称性　ライフサイクル・アセスメント

1　商品評価とは

　商品評価とは，企業・消費者・行政など，様々な立場の人が行う商品やサービスの良否（好き嫌い）や，優劣に関する判断（判定）である。評価対象は，おもに商品の品質（機能，性能，成分といった質的特性）で，個人／社会集団／社会経済レベルといった多様な視点から評価される。

　商品評価の起源は，中世アラビア時代（9〜12世紀頃）にディマシュキー（Ali ad Dimisgi）が著した『商業の美』にまで遡ることができる[1]。これは，当時，地中海からアラビア海を中心に活躍していたアラビア商人（貿易商）のために書かれた書物である。そこには，香辛料や綿，香料，陶磁器といった交易品の生産・製造方法や仕入れルート，輸送・保存方法に関する「商品叙述」と，それらの品質判定や真偽の鑑定方法を説いた「商品鑑定」が記されている。つまり，貿易商のための「商品鑑定」が商品評価のルーツである。

　1760年代以降の産業革命によって，商品生産は機械化・工業化され，現代に

図6-1　産業の発展と商品評価の変遷

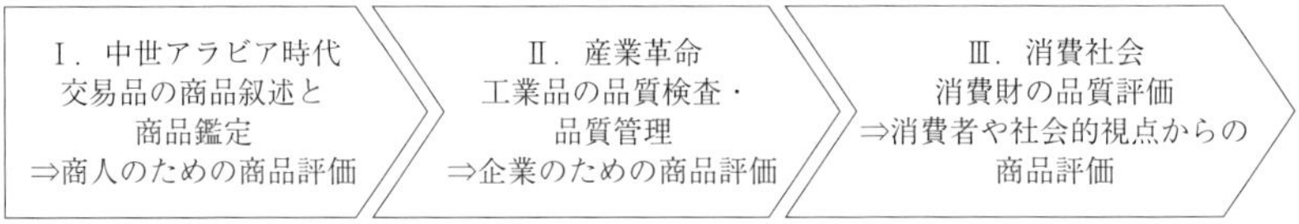

（出所）筆者作成

通じる均質な商品の大量生産・大量販売が始まった。結果，商品の評価対象は，工業品の品質へと変わり，商品の機能・性能や成分評価，不良品や欠陥品による生産ロスの削減，工場における生産性の向上（効率化）などを目的とした商品評価，即ち品質検査や品質管理が発展していった。つまり，工業品の生産者である企業（資本家）のための商品評価への変遷である。

　1960年代以降の消費社会の誕生と発展によって，商品評価は，消費者の視点や社会経済的視点にもとづく消費財の評価へとウェイトが変わっていった。また，経済のサービス化と情報化の進展によって，評価対象は商品の物理的側面だけでなく，サービスや情報（コンテンツやシステム）にまで広がった。グローバル化にともない，世界中の様々な国が様々な商品を取引（輸出入）するようになったことで，商品と経済主体は多様化し，商品の評価視点も多様化・多元化した。また，世界中で環境保全が重視されるようになったことで，社会的な評価視点も重要になった。このような産業の発展と商品評価の史的変遷をまとめたのが図6-1である。

　時代の変化とともに多様化する商品評価の視点と研究アプローチを統合すべく，製品検査，商品検査，商品テストなどは，図6-2のように整理された。製品検査（product testing）とは，企業が商品の生産から販売段階で行う品質管理，品質検査，出荷検査，仕入れ検査といった商品の評価方法である。商品検査（merchandise inspection）とは，保健所や検疫所といった公的機関が行う商品の安全・衛生検査，輸出・輸入検査，格付け検査などをさす。商品テスト（consumer testing, merchandise testing）とは，国民生活センターや工業技術センターといった商品テスト機関が，消費者や社会的な視点から行う商品の監視，鑑別，比較テストをいう。これらを総称して商品評価という。

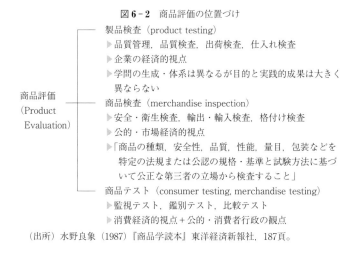

図6-2　商品評価の位置づけ

商品評価
(Product
Evaluation)

製品検査（product testing）
▶品質管理，品質検査，出荷検査，仕入れ検査
▶企業の経済的視点
▶学問の生成・体系は異なるが目的と実践的成果は大きく
　異ならない
商品検査（merchandise inspection）
▶安全・衛生検査，輸出・輸入検査，格付け検査
▶公的・市場経済的視点
▶「商品の種類，安全性，品質，性能，量目，包装などを
　　特定の法規または公認の規格・基準と試験方法に基づ
　　いて公正な第三者の立場から検査すること」
商品テスト（consumer testing, merchandise testing）
▶監視テスト，鑑別テスト，比較テスト
▶消費経済的視点＋公的・消費者行政の観点

（出所）水野良象（1987）『商品学読本』東洋経済新報社，187頁。

2　商品評価の意義

　商品評価の意義は，(1)企業，(2)消費者，(3)社会・経済の3つの視点から整理することができる。

(1)　企業にとっての意義

　企業にとっての商品評価の意義は，商品の流通過程における様々な評価手法（品質管理や生産管理）をとおして，安定した品質の商品を市場に提供し，収益と社会的信頼を獲得することにある。生産部門における品質管理（Quality Control）だけでなく，商品のデザインから顧客満足まで一貫した「トータル・クオリティ・マネジメント（Total Quality Management, 品質経営，TQM）」[2]（図6-3）を実現することで，その意義は高くなる。TQMとは，[商品の企画・設計－原料調達—加工—流通（輸送）—販売／購入—消費—廃棄・リサイクル]といった，生産から消費に至る流通プロセス全体における品質を中心とする経営管理手法である。商品の流通プロセスでは，設計者，製造者（工場），輸送業者，販売者といった様々な人が商品の品質に関与している。したがって，安全

図6-3　トータル・クオリティ・マネジメント

（出所）筆者作成

性や衛生面など，様々な側面で商品の安定した品質を実現するためには，流通プロセスのすべての段階での品質管理を進めることが重要である。

⑵　消費者にとっての意義

　消費者にとっての商品評価の意義は，使用目的にかなった品質が保証されることと，消費生活の安全性や公平性が保たれることにある。企業による商品評価が不十分であれば，消費者は不良品や欠陥品を購入する可能性が高くなり，消費者の使用目的が達成されないだけでなく，これらの商品による身体的・経済的損失を被る可能性も高くなる。特に，衛生検査や安全テストは，消費者の健康な生活（生命）に直結する重要な役割を果たしている。こうした状況を放置しておけば，結果的には，誰もが安心して商品を購入することができない社会になってしまう。また，税関などの第三者機関による模造品・複製品の真偽鑑定が不十分であれば，消費者はニセ物を購入する可能性が高くなり，使用目的が達成されないまま経済的損失を被ることになり，結果的には，ニセ物が日常的に横行する社会に至りかねない。

⑶　社会・経済的な意義

　商品評価の社会・経済的意義は，当該商品に関わる業界や産業界の発展をとおして，世の中全体の繁栄につながることにある。自動車や家電などの評価（性能テスト）は，個々の産業界の発展だけでなく，科学技術の普及や高度化にもつながり，最終的には，より技術レベルの高い産業社会の実現につながる。接客コンクールやバリスタコンテストといったサービスの評価制度は，飲食業

界の発展につながるとともに，より質の高い飲食サービスが社会全体に広まることになる。

　また，「(2)消費者にとっての意義」で述べたように，商品評価をとおした不良品や欠陥品の削減と，模造品や複製品の減少は，資源の浪費を抑え，誰もが安心して過ごすことのできる社会の実現，即ち経済社会全体の効率化と公平化につながる。最終的には，商品評価は商品という財の効率的かつ公平な分配に貢献しているのである。

3　現代社会における商品評価の特徴

　現代社会における商品評価の特徴は，商品特性の変化，産業社会の進展，評価基準の多様化・多元化の３点に大別できる。以下に示すとおり，これらは独立した存在ではなく，相互に関係しながら，様々な特徴と課題を呈している。

(1)　商品特性の変化——触知不可能性と技術的評価

　「1 商品評価とは」で述べたように，経済のサービス化と情報化の進展によって，現代の商品ではサービスや情報のウェイトが高まっている。これにともない，商品の自然科学的評価（物理的機能や性能にもとづく品質）だけでなく，社会・文化・心理（イメージ）的評価も重要度を増してきた。商品の物理的特性を中心とする「触知可能性（Tangibles）」と，サービスや情報，心理的特性を中心とする「触知不可能性（Intangibles）」の双方を考慮しなければ，生活場面における消費者視点からの評価や，商品の全体的な評価は難しい。しかし，商品イメージや接客といった商品の触知不可能性は，主観性が高く個人差が大きいため，評価の安定性を欠くことがある。また，商品のイメージ戦略によって，心理的・イメージ的評価と物理的機能への評価との間に大きな解離が生じることもある。さらに，情報通信機器や家電品，自動車など，技術革新によって，高度な品質（機能や性能）レベルで同質化した商品が大量に普及したことで，商品の基本的機能に関する評価の重要性は低くなる一方，高度な技術特性

への評価が困難になった。

　つまり，商品のサービス特性や情報特性，イメージ特性が高まるほど，商品の評価視点や対象，手法も多様化・多元化し，技術特性が高まるほど，商品評価は困難になる。これが，現代社会における商品評価の特徴のひとつである。

(2)　産業社会の進展
①取引関係の疎遠化

　産業社会の進展によるマクロ的な商品評価の特徴としては，取引関係（形態）の変化にともなう商品評価の視点や対象の変化である。グローバル化の進展によって，取引主体や取引方法は多様化した。我々は，世界中の様々な企業（取引主体）の商品を店舗やインターネットなどの様々な流通ルートから，様々な決済方法（現金，カード，電子マネーなど）で購入している。グローバル化の進展によって，世界中から様々な商品を入手できるという，極めて便利な社会が実現された一方で，数多くの見知らぬ企業との「顔の見えない取引関係」，言い換えれば，企業と消費者との「心理的距離の疎遠化」は常態化した。

　顧客と店主が顔馴染みになっている個人商店（パン屋やケーキ屋など）では，どんな人が，どうやって商品をつくっているのかがわかる関係，即ち「顔の見える取引関係」ができている。こうした場合，評価対象は，提供される商品と，それをつくる店主や店員になり，ときには，商品づくりの背景，店主の思いや人柄，店の歴史や地域特性（ご当地グルメなど）といった「ストーリー」も重視した包括的な視点で評価されることもある。しかし，大手のコンビニやスーパーでパンやケーキを買う場合，「誰が，いつ，どこで，どうやってつくったのか」という商品の背景や，それに関わる人々（生産者や販売者）への関心は薄くなり，評価対象は，往々にして企業や商品の「ブランド」に集中する。

　つまり，産業社会の発展とグローバル化にともない，不特定多数の企業との取引が常態化したことで，企業と消費者との「疎遠化」が進み，商品評価の視点や対象が，商品とその背景や人から「ブランド」へと変化していること，それが現代社会における商品評価特性のひとつである。

②情報の非対称性

　現代の社会では，産業の進展によって，「対等性にもとづく契約自由の原則」
は，ほぼ喪失されている。「対等性」とは，本来，売り手と買い手は対等な関
係であるから，買い手は自分で商品の内容を吟味（評価）し，自らの危険負担
において契約を交わすという「買い手責任の原則」にもとづく考えである。
「契約自由の原則」とは，人々が社会生活を営む上で結ぶ契約は，公の秩序や
法規に反しない限り国家は干渉せず，当事者が自由に締結できるという民法上
の基本原則である。こうした原則にもとづいて，買い手は自由に売り手を選び，
当事者の自由意思にもとづいて契約を結ぶことができる。

　しかし，技術革新によって，商品の機能や性能に関する高度な情報は売り手
である企業が有し，買い手である消費者は商品評価に必要な情報を十分に有し
ていないし，そうした情報を与えられても十分に評価することはできない。こ
うした企業と消費者間の「情報の非対称性」があらゆる商品で存在している現
代にあっては，「対等性にもとづく契約自由の原則」はほとんど失われており，
消費者は，自由意思にもとづく商品選択と評価が本当にできているのかどうか
わからない状況におかれている。

　こうしたなか，高度な技術を用いた情報通信機器や家電品に不具合が生じ，
経済的・身体的被害が生じても，その原因は消費者にはわからないまま泣き寝
入りせざるを得ないことが往々にしてある。さらには，こうした商品を生産・
販売している企業のなかでも，商品の技術特性を十分に評価できる人は限られ
ており，企業内での「情報の非対称性」も生じている。そのため，消費者から
の苦情やトラブルに十分な対応ができないことも往々にしてある。

　こうした問題は，高度な技術を用いた商品に限ったことではない。諸外国か
ら様々な流通段階を経て輸入される食品で，異物混入や食中毒といった食品事
故が生じた場合，食品の製造・加工や流通プロセスに関する「情報の非対称
性」によって，消費者のみならず，企業による原因究明も難しく，時間を要す
ることがある。

　つまり，商品の高度化や経済のグローバル化にともなって，「情報の非対称

性」はあらゆる商品に存在するようになり，消費者のみならず，企業における商品評価も困難になっている。それが，現代社会における商品評価の特徴であり，現代的な消費者問題のひとつとして，消費者保護の重要性につながっている。

(3) 評価基準の多様化・多元化

　産業社会の進展によるミクロ的な商品評価の特徴としては，上記(1)(2)で述べたように，商品特性や取引関係の変化による評価視点や対象の変化と，それにともなう評価視点の多様化・多元化と評価の困難さがあげられる。

①取引主体と商品の多様化

　グローバル化の進展によって，取引主体と商品は多様化し，商品の評価視点や対象，評価基準も多様化・多元化している。例えば，世界中の様々な企業がミネラルウォーターを販売しているが，その評価基準（水質基準や成分の含有量表示など）は，国や地域によって異なるため，同一の基準で評価することは難しい。また，企業や消費者だけでなく，行政や第三者的な評価機関といった，評価主体の多様化にともなって，その視点と対象，評価基準も多様化・多元化している。

②使用目的と商品の多様化

　同じ商品群でも，使用目的によって評価基準は多様化・多元化する。茶系飲料の場合，喉の渇きを潤したり食事とともに味わったりといった，同じような目的で異なる種類の商品，即ち「同類目的の異なる商品」を評価することになる。他方，機能性を表示した飲料の場合，水分やミネラル補給のためのスポーツドリンク，カフェインやビタミンの入ったエナジードリンク，健康の維持・増進を目的とした乳酸菌飲料など，様々な種類がある。さらにそのなかでも，乳酸菌飲料の場合には，ストレス緩和，免疫機能の維持，脂質代謝の活性化，血圧低下機能など，商品によって様々な機能性が訴求されている。したがって，「異なる目的の同類商品」を評価する際には，目的に合わせて異なる評価基準を用いなければならない。食品の製造・加工技術の進展によって，こうした商

図6-4　ライフサイクル・アセスメントの概念図

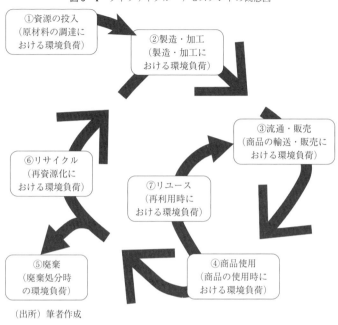

①資源の投入
（原材料の調達に
おける環境負荷）

②製造・加工
（製造・加工に
おける環境負荷）

③流通・販売
（商品の輸送・販売に
おける環境負荷）

⑥リサイクル
（再資源化に
おける環境負荷）

⑦リユース
（再利用時に
おける環境負荷）

⑤廃棄
（廃棄処分時
の環境負荷）

④商品使用
（商品の使用時に
おける環境負荷）

（出所）筆者作成

品の多様化はますます進み，それにともなって商品の評価基準も多様化・多元
化することになる。

③商品連関

　実際の生活場面に即して商品を評価する際には，複数の異なる商品間の関連
性である「商品連関」にも配慮する必要がある。消費者が茶系飲料を飲むとき，
飲み物と一緒に食事やお菓子などをとることが多い。こうしたとき，商品単品
だけの評価では不十分で，飲み物と食べ物とのセットで評価しなければ，現実
の消費者視点からの評価にはならない。しかし，食品の組合せは無数といえる
ほどあり，その評価基準も多様化・多元化する。

④ライフサイクル・アセスメント

　環境志向の高まりによって，商品のライフサイクル全体をとおした環境負荷
を評価する「ライフサイクル・アセスメント（Life Cycle Assessment）」が重視
されている（図6-4）。これは，商品の原材料調達（資源採取）から，製造・加

工，流通，販売／購入，消費，廃棄・リサイクルに至るまでのすべての過程（トータル・プロセス）における環境負荷の度合いを総合的・定量的に評価する手法である。商品評価は，生産から消費に至る各時点で行うだけでなく，ライフサイクルという全体的な視点からの環境評価も行うことで，多様な評価が可能になる。

　このように，現代社会における商品評価には様々な特徴と課題があるが，これらは産業社会の進展によるところが大きい。なかでも，技術革新による商品の高度化や多様化によって，企業と消費者間の情報格差はますます拡大している。巷には様々な商品情報が氾濫しているものの，消費者が合理的な消費を行うために必要な「消費者情報」は十分に行き届いているとはいえない。「消費者情報」とは，消費者が経済効率のよい消費生活を営むために，計画，実行，評価の各段階で，合理的な意思決定を下すために必要な情報（知識）をいう。生活設計や商品評価に必要な情報が不十分ななか，消費者は，必要な知識や情報を積極的に収集しようとする一方で，マスコミやネット上の情報に左右されることもある。こうした状況のもとで，消費者は日々，様々な商品を評価しているのも現代社会の実情である。

4　消費者視点からの商品評価

　以下では，消費生活の安全性や公平性とともに，「消費者情報」の提供においても重要な役割を果たしている商品評価（テスト）機関や組織について論じていく。

(1)　第三者機関の役割
　第三者機関による消費者視点からの商品評価は，1920年代後半のアメリカにおける消費者クラブが発端とされている。第一次世界大戦の後，大量生産・大量販売のシステムが進んだことで，大衆消費社会が誕生した。そうしたなか，有害品や粗悪品，暴利価格や虚偽広告などから消費者を守り，教育することを

使命として，1929年にニューヨークで「Consumers' Research (CR)」が発足
した。CR は，消費者の合理的選択を助けるための商品比較・格付けテスト誌
「Consumer Bulletin」を毎月発刊し，アメリカ国民に消費者意識と消費者運動
の重要性を訴求した。この雑誌では，［AA／A／B／C］の4段階で商品の品
質が格付され，価格は品質とは無関係に［1／2／3］の3段階で評価された。
商品テストは，外部の検査機関とコンサルタントが行い，客観的な立場を維持
するために広告は不掲載とした。1936年に「Consumer's Report」から分派し
た「Consumers Union」は，広範にわたる消費者問題に関する情報とアドバイ
スを消費者に提供することを目的として，月刊誌「Consumer Reports」を発
刊した。同誌も広告不掲載で，かつ記事を広告目的に使用することも認めてい
ない。1957年にはイギリスで「Consumer Association」が設立され，市販の
商品やサービスの向上を目的として「Which?」が発刊された。

　1950年代半ば以降，日本でも商品評価を手がける組織が発足した。1951年設
立の「暮しの手帖社」は，「消費者のためではなく，生産者によいものだけを
つくらせるため」という，企業責任を追及する社会的意義にもとづき，広告不
掲載の隔月刊「暮らしの手帖」を発行してきた。1961年設立の「日本消費者協
会」は，商品テスト・教育・調査・苦情処理を行うとともに，「月刊消費者
（2011年休刊）」をとおして消費者情報を発信してきた。1970年に創立した「国
民生活センター」は，本格的な商品テスト施設を用いて商品評価を行うととも
に，商品トラブルの調査・分析も行い，「月刊国民生活（2012年廃刊，ウェブ版
に移行）」「確かな目（2008年廃刊）」をとおして情報発信を行ってきた。2009年
から商品テスト誌「MONOQLO」「家電批評」「LDK」などを発行してきた晋
遊舎は，社内に独立した商品テスト機関を有し，様々な企業の商品を公平に評
価した上で，比較・格付け情報を雑誌やウェブサイト「360LiFE」で発信して
いる。

(2)　消費者参加型の商品評価サイト

　近年では，情報化社会の進展によって，発信力の弱かった個々の消費者が，

インターネットをとおして自由に商品情報を受発信できるようになった。現在
では，様々な商品の価格情報を中心に商品情報を提供するポータルサイトや，
化粧品や美容品に特化した商品情報や口コミ情報を発信するサイト，カップ麺
やパン，菓子などの加工食品に関する評価情報や口コミ情報を発信するサイト
など，様々な形で消費者参加型の商品評価サイトが現れている。

　こうしたサイトでは，ユーザーは，自身の経験にもとづく商品評価や感想，
コメントなどを書き込めるだけでなく，年齢や好み（テイスト）に合わせて情
報をカスタマイズ表示しながら，必要な情報を収集することもできる。気に
入った商品が見つかれば，リンク先の小売サイトから，即座に購入することも
できる。こうした消費者参加型の商品評価と情報交換サイトは，企業のマーケ
ティング（商品開発やプロモーションなど）にも活用されている。

　こうした様々な組織が発信する商品情報や商品評価の結果は，消費者の商品
選択と購買意思決定に役立つとともに，消費者の声を代弁する役割を果たして
いることから，商品の売れ行きや企業の評判に影響することもある。つまり，
消費者視点からの商品評価は，商品単体の評価に留まらず，当該企業のイメー
ジや信頼といった企業評価にまでつながる。こうした商品評価の情報のみなら
ず，日常生活においても，特定の企業で重大な商品事故やシステム障害などが
起きれば，当該企業への信頼が低下するだけでなく，日本の技術レベル（安全
管理）や情報システムへの不信感にまでつながることがある。それが年月を経
て蓄積されていけば，最終的には，「2 商品評価の意義」の「(2)消費者にとっ
ての意義」で述べたように，経済社会のあり方にまでつながる。それが商品評
価の意義である。

注
(1)　風巻義孝（1976）『商品学の誕生──ディマシュキーからベックマンまで』東洋経
　　済新報社。
(2)　TQM，および関連する品質管理法の詳細については「一般財団法人 日本科学技術
　　連盟」 https://www.juse.or.jp（2023.08.15 アクセス）を参照されたい。
(3)　https://consumersresearch.org/（2023.08.15 アクセス）

(4)　https://advocacy.consumerreports.org/（2023.08.15 アクセス）

(5)　https://www.which.co.uk/（2023.08.15 アクセス）

(6)　第二次世界大戦以降の日本における消費者問題と商品評価の変遷については，以下のサイトを参照されたい。消費者庁「消費者問題の歴史」 https://www.caa.go.jp/ policies/policy/consumer_education/public_awareness/teaching_material/history/ 及び，一般社団法人全国消費者団体連絡会「〈歴史コーナー〉消費者運動と全国消団連のあゆみ」 http://www.shodanren.gr.jp/about/history.php（ともに 2023.08.15 アクセス）

(7)　https://www.kurashi-no-techo.co.jp/（2023.08.15 アクセス）

(8)　https://jca-home.jp/（2023.08.15 アクセス）

(9)　https://www.kokusen.go.jp（2023.08.15 アクセス）

(10)　https://360life.shinyusha.co.jp（2023.08.15 アクセス）

練習問題

- 「取引関係の疎遠化」がもたらすメリット・デメリットを 5 つずつあげ，消費者としてどのような商品評価をすべきか考えなさい。
- ウェブ上で展開されている商品評価サイトを調べ，その傾向と特徴を以下の表に記入しなさい。

サイト名	
特徴 （おもな評価商品，ターゲット層）	
評価基準	

第7章
商品評価の対象と手法

この章では，商品評価の対象と基本的な評価手法について，食品を例に挙げながら論じていく。そして，食品の評価結果である「おいしさ」の概念とその構成要因について考えていく。

キーワード：分析式評価法（単因子格付法，多因子格付法）　全体式評価法
　　　　　　　折衷式評価法　認識的枠組　嗅覚・味覚連動　TRP チャネル

1　商品評価の対象と手法

(1)　商品評価の対象と手法

　商品評価の対象は，おもに，商品の機能・性能，物理的組成・成分といった商品の品質特性（触知可能性：Tangibles）である。商品イメージや，ブランド，サービスといった側面（触知不可能：Intangibles）に対する評価は，消費者行動論やサービス・マーケティングといった他の領域で行われるのが一般的である。

　商品の評価手法は，大別すると，①分析式評価法，②全体式評価法，③折衷式評価法がある。それぞれの手法について，以下，順に論じていく。

①分析式評価法

　これは，商品の品質をいくつかの因子に分割して個別評価した後に，各因子を総合評価する方法である。食品の場合，栄養成分（カロリーや糖質，塩分），味，香り，テクスチャー（食感），といった個々の因子を評価し，全体的な評価（評点）を決める。

　分析式評価方法には，単因子格付法と，多因子格付法がある。単因子格付法は，重要度の高い品質特性をひとつだけ選び，その評価を全体的評価とする方

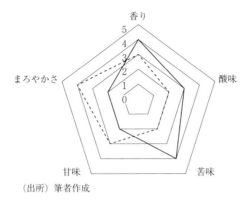

図7-1　コーヒーの多因子格付法
---- マイルドカフェ　　—— ビターテイスト

（出所）筆者作成

表7-1　カップ麺の多因子格付法

麺タイム（豚骨醤油味）		満足度：4.0
	評価	点数
スープの香り	★★★★☆	4
スープの味（コクやうま味）	★★★★★	5
麺の香り	★★★★☆	4
麺の食感（コシやのどごし）	★★★★☆	4
スープと麺のバランス	★★★☆☆	3
具材の風味	★★★★☆	4

（出所）筆者作成

法である。果物の糖度やハチミツの純度のように，ひとつの重要な因子（品質特性）をもとに商品の優劣を評価する方法がその典型例といえる。イチゴの場合，糖度9は普通，10は甘い，11以上はとても甘い（おいしい）とされている。柿は，糖度13が普通，14は甘い，15以上はとても甘い（おいしい）とされている。

　多因子格付法とは，二項目以上の品質特性をウェイト付けして評価する方法をいう。食品の場合，栄養成分や，味，香り，テクスチャーといった様々な因子を個々に評価した後，総合的に評価する。個々の因子得点をレーダーチャー

117

トに表記したのが「**図7-1 コーヒーの多因子格付法**」で，個々の因子得点を絵（星印）で表し，全体の評価を数値化しているのが，「**表7-1 カップ麺の多因子格付法**」である。

②全体式評価法

これは，商品を全体的・総体的に観察・評価する方法で，経験的格付法や，標準品比較格付法が該当する。経験的格付法とは，人間の感覚と熟練・経験，直観を生かした総合的な判定方法（官能評価法）で，利き酒やワインのテイスティングなどがその典型例である。標準品比較格付法とは，標準的な見本との比較対照によって，当該商品の優劣を判定（格付）する方法である。経験的格付法については，「8章 五感にもとづく官能評価法」で詳細に論じていく。

③折衷式評価法

これは，①分析式評価法と②全体式評価法を組み合わせた評価方法である。果物を糖度という単因子格付法で評価するとともに，味や香りなどを経験的格付法で評価し，全体的な評価を判断するケースが該当する。

(2) 食品の評価手法

ここでは，上記の商品評価法にもとづいて，様々な食品の評価方法について論じていく。

①食品の栄養成分

食品を評価する際，最初に取り組むべき基本的な評価対象は栄養成分である。食品の栄養成分は，健康管理を行う上でも配慮すべき重要な要素である。2015年に食品表示法が改正され，容器に包装された加工食品にも，カロリー（熱量），たんぱく質，脂質，炭水化物，食塩相当量といった栄養成分の表示が義務づけられた。カロリーとは，人間が身体を動かすために必要な熱量（熱源）であるエネルギーを表す単位のひとつで，たんぱく質，脂質，炭水化物の3大栄養素が，食品に含まれるエネルギーである。農林水産省「食事バランスガイド」[1]によると，大人が1日に摂取すべきカロリーは，活動量の少ない男性で2,000～2,400kcal，女性で1,400～2,000kcalとされている。

　炭水化物は，糖質と食物繊維から構成されており，ご飯やパンに多く含まれている。糖質は，糖類（果糖やブドウ糖，ショ糖など），多糖類（でんぷんやオリゴ糖など），糖アルコール（キシリトールなど），その他に分類される。他方，糖分は，砂糖やハチミツ，お菓子や果物など，「甘いもの」を一般的にさす言葉で，厳密な定義はない。食物繊維はほとんどエネルギーにならないため，食品に含まれる糖質の摂取量（カロリー）は，炭水化物の摂取量（カロリー）とほぼ同等になる。したがって，１日に摂取すべき糖質量は，炭水化物の摂取基準を参考にすればよい。

② 食品の成分比較

　こうした栄養成分と表示を理解した上で健康管理を行うためには，判断基準となる指標を示す商品評価（成分分析）の役割は大きい。そこで以下では，ご飯やパンといった主食と，お茶やジュースなどの飲料，せんべいやケーキといった菓子類の栄養成分を比較検討していく。

■ ご飯やパンの成分比較

　文部科学省「日本食品標準成分表2020年版（８訂）[(2)]」によると，ご飯（精白米）やパンの成分比較は，**表7-2**のようになる。これによると，ご飯は156kcal／100g，炭水化物（≒糖質）は37.1gなので，大人向けの茶碗１杯（約150g）では，約234kcal，炭水化物は約55.7gになる。相対的にみて，ご飯類の方がパン類よりも低カロリーで低糖質である。菓子パン１個（約100g）のカロリーは，267～349kcal，炭水化物は48.3～59.9gとなり，なかでもクロワッサンはカロリーと脂質が高く，メロンパンはカロリーと糖質が高いことが解る。

　この成分比較表から，カロリーや炭水化物（糖質）といった重要度の高い因子（品質特性）をひとつだけ選んで優劣を評価すれば，単因子格付法になる。逆に，すべての因子を評価して優劣やバランスを評価すれば，多因子格付法になる。

■ 飲料の成分比較

　おもな飲料の成分比較は，**表7-3**のとおりである。カロリーや炭水化物（糖質）を重要な因子とみなして評価した場合，ミルクココアや炭酸飲料が上

表7-2　ご飯とパンの成分比較

食品成分 （100gあたり）	カロリー (kcal)	炭水化物 (g)	たんぱく 質(g)	脂質 (g)	食塩相当 量(g)	水分 (g)
ご飯（精白米）	156	37.1	2.5	0.3	0	60
おにぎり	170	39.4	2.7	0.3	0	57
もち	223	50.8	4	0.6	0	44.5
角形食パン	248	46.4	8.9	4.1	1.2	39.2
全粒粉パン	251	45.5	7.9	5.7	1	39.2
クロワッサン	406	51.5	6.5	20.4	1.4	20
あんパン（こしあん）	267	53.5	6.8	3.6	0.3	35.5
クリームパン	286	48.3	7.9	7.4	0.4	35.5
メロンパン	349	59.9	8	10.5	0.5	20.9

（出所）文部科学省「日本食品標準成分表2020年版（8訂）」をもとに筆者作成

表7-3　飲料の成分比較

食品成分 （100gあたり）	カロリー (Kcal)	炭水化物 (g)	たんぱく 質(g)	脂質 (g)	食塩相当 量(g)
緑茶（せん茶）	2	0.2	0.2	0	0
紅茶／茶	1	0.1	0.1	0	0
コーヒー／浸出液	4	0.7	0.2	Tr	0
コーヒー飲料（乳成分入り・加糖）	38	8.2	0.7	0.3	0.1
ミルクココア	400	80.4	7.4	6.8	0.7
炭酸飲料（果実色飲料）	51	12.8	Tr	Tr	0
炭酸飲料（コーラ）	46	11.4	0.1	Tr	0
スポーツドリンク	21	5.1	0	Tr	0.1
トマトジュース（食塩添加）	15	4.0	0.7	0.1	0.3
野菜ミックスジュース（ストレート）	21	4.7	0.8	0.1	0
野菜ミックスジュース（濃縮）	36	7.8	1.0	0.3	0.1
オレンジジュース（ストレート）	45	11	0.8	Tr	0
オレンジジュース（濃縮）	46	10.7	0.7	0.1	0

注：Tr は微量に含有
（出所）文部科学省「日本食品標準成分表2020年版（8訂）」をもとに筆者作成

表7-4　菓子類の成分比較

食品成分 （100gあたり）	カロリー （Kcal）	炭水化物 （g）	たんぱく 質（g）	脂質 （g）	食塩相当 量（g）	水分 （g）
大福もち（こしあん）	223	53.2	4.6	0.5	0.1	41.5
どら焼（つぶしあん）	292	57.9	6.6	3.2	0.4	31.5
あられ	378	84.9	7.5	1	1.7	4.4
しょうゆせんべい	368	83.9	7.3	1	1.3	5.9
シュークリーム	211	25.5	6.0	11.4	0.2	56.3
ショートケーキ（果実なし）	318	42.3	6.9	15.2	0.2	35
レアチーズケーキ	349	22.5	5.8	27.5	0.5	43.1
ドーナッツ（プレーン）	379	43.9	7.2	20.2	0.8	27.5
カスタードプリン	116	14	5.7	5.5	0.2	74.1
コーンスナック	516	65.3	5.2	27.1	1.2	0.9
ポテトチップス	541	54.7	4.7	35.2	1	2
ポテトチップス（成型）	515	57.3	5.8	32	0.9	2.2
ミルクチョコレート	550	55.8	6.9	34.1	0.2	0.5

（出所）文部科学省「日本食品標準成分表2020年版（8訂）」をもとに筆者作成

表7-5　パンの折衷式評価の例

		ネコパン	トラパン	クジラパン
栄養成分	カロリー 炭水化物 食塩相当量	243kcal 31.5g 1.6g	290kcal 54.6g 28g	482kcal 68.4g 1.2g
香り	小麦の香り 発酵風味 バターの香り	弱い 1-2-3-4-5 強い 弱い 1-2-3-4-5 強い 弱い 1-2-3-4-5 強い	弱い 1-2-3-4-5 強い 弱い 1-2-3-4-5 強い 弱い 1-2-3-4-5 強い	弱い 1-2-3-4-5 強い 弱い 1-2-3-4-5 強い 弱い 1-2-3-4-5 強い
味	甘味 小麦粉	弱い 1-2-3-4-5 強い 弱い 1-2-3-4-5 強い	弱い 1-2-3-4-5 強い 弱い 1-2-3-4-5 強い	弱い 1-2-3-4-5 強い 弱い 1-2-3-4-5 強い
食感	やわらかさ しっとり感 弾力	弱い 1-2-3-4-5 強い 弱い 1-2-3-4-5 強い 弱い 1-2-3-4-5 強い	弱い 1-2-3-4-5 強い 弱い 1-2-3-4-5 強い 弱い 1-2-3-4-5 強い	弱い 1-2-3-4-5 強い 弱い 1-2-3-4-5 強い 弱い 1-2-3-4-5 強い
好ましさ	好ましい／ 好ましくない	良 1-2-3-4-5 否	良 1-2-3-4-5 否	良 1-2-3-4-5 否

（出所）筆者作成

位になる。ちなみに，炭酸飲料やオレンジジュースは，500mlのボトルに換算すると50g以上の糖質を摂取していることになり，**表7-2**に示した菓子パン1個（100g）に相当する。

■菓子類の成分比較

おもな菓子類の成分比較は，**表7-4**のとおりである。単因子格付法で評価した場合と，多因子格付法で評価した場合の結果を各自で比較してみるといいだろう。

③食品の折衷式評価

折衷式分析の例は，**表7-5**のとおりである。個々の栄養成分を分析式，風味や食感を経験的格付法で評価し，全体的・総体的な好ましさ（優劣や好き嫌い）を決めていく。

2　食品評価における「おいしさ」

日々の食事では，食品の栄養成分だけを評価している訳ではなく，料理の盛り付け（視覚），味（味覚），香り（嗅覚），食感（触覚）や音（聴覚）などとともに，食品に関する知識（先行情報），さらには，いつ（時間），どこで（場所や環境），誰と食べるかといった心理的・社会的・文化的要因なども含めた様々な要因を評価している。つまり，食品の「おいしさ（≒味）」とは，食品を摂取したときに感じる様々な要因の総合的な評価結果，即ち「複合感覚」といえる。以下では，こうした「おいしさ」の様々な要因について論じていく。

⑴　「おいしさ」の要因

「おいしさ」の中核を成すのが味覚である。基礎医学や心理学における味覚とは，舌や口腔内にある味蕾という感覚機能が，水溶性の味物質によって刺激されたときに生じる「感覚」をいう。[3]　食品はすべて化学物質で構成されており，人は，その化学的・物理的特性を味覚や嗅覚，食感などを通じて受容するとともに，それらの相互作用や，視覚や聴覚の影響を受けながら味覚を形成してい

表 7 - 6　基本五味の特徴

基本味	嗜好性	生体への信号	代表的物質
甘味	快	炭水化物	糖類, 多糖類, 糖アルコールなど
うま味	快	タンパク質	グルタミン酸ナトリウム, イノシン酸ナトリウム
塩味	快→不快	ミネラル	塩類（塩化ナトリウムなど）
酸味	快→不快	代謝促進腐敗物	酸（有機酸, 無機酸）
苦味	不快	毒物	アルカロイド, 配糖体, アミノ酸

（出所）山本隆「『おいしい』は体に良いもの『まずい』は体に良くないもの」[4]をもとに筆者作成

る。また，苦味や酸味といった味覚をとおして食品の安全性（腐敗や毒）を判断することで，人は栄養を摂取し，生命を維持している。したがって，味覚とは，食品（化学物質）を摂取する際の「感覚」であると同時に「判断（認知）」でもある。

　「おいしさ」を構成する「基本五味」は，「甘み，塩味，酸味，苦味，うま味」をいう。甘みは炭水化物，うま味はタンパク質，塩味はミネラルが発する信号で，先天的に受容・選好される味質である。酸味と苦味は，腐敗物や毒物が発する信号として人体が受け止めるため，基本的には選好されない味質であるが，学習（慣れ）によって選好度が変わる。「基本五味」の特徴は**表 7 - 6**のとおりである。

　「基本五味」を中心として，その他の味や風味などの感覚的要因，心理・社会・文化的要因といった選好・嗜好条件を含めた「おいしさ」の構造は，**図7 - 2**のように表すことができる。

　味（味覚）の構成要素のなかでも，塩味と辛みは，基本五味とは異なる感覚で知覚されている。食品の塩味（塩辛さ）とは高濃度の塩分をさすが，マウスへの実験では，味蕾の苦味と酸味の受容細胞と，「TRPV 1」で受容していることが明らかになっている。[5]「TRP（Transient receptor potential：トリップ）チャネル」とは，「熱さ／寒さ」といった温度や，痛みなどの化学的・物理的刺激を感じ取る感覚センサーである。つまり「塩辛さ」は，複数の味覚受容体

図7-2　「おいしさ」の構成要因

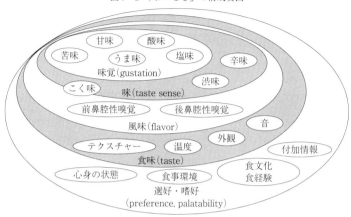

（出所）和田有史「食における多感覚知覚」[(6)]

と体性感覚との多感覚統合によって受容されている[(7)]。

　他方，唐辛子やわさびの「辛さ」は，味蕾の味細胞では感知しておらず，
「TRP チャネル」でのみ受容されているため味覚ではない。唐辛子（カプサイ
シン）は，TRPV 1 を刺激し，痛みと熱さを感じる。わさび（イソチオシアン酸
アリル）や大根（イソチオシアネート）は，TRPA 1 を刺激し，目や鼻に水が
入ったときのような痛さを感じる。ミント（メンソール）は，TRPM 8 を刺激
して爽快感と涼しさをもたらすことから，食品のみならずスキンケア商品の清
涼感にも応用されている。様々な食品と TRP チャネルとの関係は，**図7-3**
のとおりである。

　食味は，味覚や嗅覚にも影響を及ぼす重要な要因のひとつである。食品は，
口腔内での破砕のされ方によって，味や臭い分子の拡散速度も変化するため，
食感（テクスチャー）によって「おいしさ」は変化する。一般に，食感の強い
食品ほど，味覚や嗅覚が刺激されたかのように感じるが，固形食品は硬ければ
硬いほど，液状食品は粘性が高ければ高いほど，味覚や嗅覚の強度は低くなる。
したがって，硬いポテトチップスやせんべいほど，味覚や嗅覚への影響は低い。
　そして，食品の温度が高くなるほど，食品の臭い分子はより多く揮発するた

図7-3　様々な食品と TRP チャネルとの関係

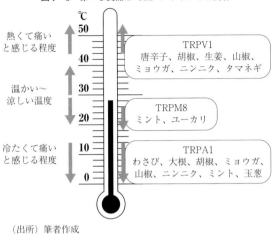

熱くて痛い
と感じる程度

温かい〜
涼しい温度

冷たくて痛い
と感じる程度

℃
50
40
30
20
10
0

TRPV1
唐辛子、胡椒、生姜、山椒、
ミョウガ、ニンニク、タマネギ

TRPM8
ミント、ユーカリ

TRPA1
わさび、大根、胡椒、ミョウガ、
山椒、ニンニク、ミント、玉葱

（出所）筆者作成

め，それを嗅粘膜が吸収することで嗅覚の知覚強度は高まる。これは，温かい
麺類／冷たい麺類，ホットサンド／サンドイッチなどで，嗅覚の違いを実感す
ることができる。また，ポテトチップスやせんべいのクリスピー感やサクサク
感のように，咀嚼したときの音（音波や骨伝導音）は聴覚として知覚され，食感
に影響を及ぼす。

⑵　認識的枠組み

　「おいしさ」は，食品単独で評価されるだけでなく，同種の他の食品と比較
しながら，それらを「どう認識するか」という「認識的枠組み（認識を形成す
る背景）」によっても変化する。

　「ヘドニックコントラスト（嗜好対比）」とは，「快刺激」と対比すると「中性
刺激」への嗜好評価が低下する現象で，連続して提示される刺激群を評価者が
「同一カテゴリー」のものと認知した場合に生じやすい。[8] 例えば，平均的な味
のコーヒー（中性刺激）を単独で嗜好評価したときよりも，評価の高いコー
ヒー（快刺激）の後に評価すると，単独で評価したときよりも評価は下がる。
しかし，快刺激のコーヒーを「プレミアム・コーヒー」，中性刺激のコーヒー

を「一般的なコーヒー」と教示すると，両者を「コーヒー」として教示した場合よりもヘドニックコントラストは減少する。つまり，快刺激（不快刺激）と，中性刺激が「異なるカテゴリー」に属するものと認知された場合には効果が減少する。同じ食品でも，それらをどのカテゴリーとして認識するかという，食品の「認識的枠組み」によって嗜好（評価）は変化する。

　同じことは食文化（文化的認識）への評価にも現れる。味噌汁や麺つゆ，麺類のコシや雑煮の味（具材）など，「標準的な味（食感）」には個人差や地域差があり，同じ食品でも評価は大きく変わる。同一カテゴリーとして提示されれば，「濃い／薄い」「好き（おいしい）／嫌い（おいしくない）」といった直線的な嗜好評価がなされる。しかし，これを「○○風」「△△味」「□□名物」といった「異なるカテゴリー」と称すれば，地域文化の特徴として評価される。また，短期的・長期的な摂食経験（学習）や，年齢や体質の変化にともなう好みの変化によっても認識的枠組みが変わり，同様の現象が生じることもある。

(3)　嗅覚とおいしさ

　食品の臭いもまた，「おいしさ」に影響を及ぼす要因のひとつである[9]。食品を咀嚼・嚥下すると，口から鼻腔へ食品の臭いが流れ，嗅粘膜に届く。このとき，食べ物から直接感じる香りを「オルソネーザルアロマ（鼻先香）」といい，口腔と鼻腔をとおして感じる香り，いわゆる「口から鼻に抜ける香り」を「レトロネーザルアロマ（戻り香）」という（図7-4）。後者は，気道と食道が喉で交差している人間のみがもつ感覚で，商品開発においても重要な要素となっている。

　嗅覚が食品の評価に影響を及ぼす例には，次のようなものがある。水にレモンやオレンジなどの香料を加えると，果物の酸味や甘みを感じる。バニラエッセンスやカカオ豆は，それ自体が苦いにも関わらず，お菓子や飲み物に添加されると，その甘い香りによって，知覚される甘味が砂糖のみのときよりも強くなる。そして何より，風邪などで鼻が詰まっているときには味覚が鈍る。

図7-4　2種類の香気

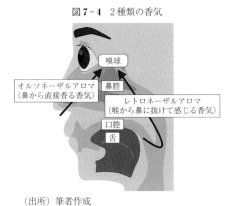

嗅球

鼻腔

オルソネーザルアロマ
（鼻から直接香る香気）

レトロネーザルアロマ
（喉から鼻に抜けて感じる香気）

口腔

舌

（出所）筆者作成

⑷　嗅覚と味覚の連動

　特定の臭いを嗅ぐと，それに関連する味覚が促進されるか否かという「臭い
と味の一致・不一致」は，「古典的条件づけ」による学習で獲得される。古典
的条件付けとは，「パブロフの犬」で有名な実験から導き出された生体反応で
ある。生得的に何らかの生体反応を引き起こす「無条件刺激」と，元々は反応
を引き起こさない中性的な「条件刺激」を時間的・空間的に近い状態で提示す
ると，「条件刺激」に対しても同様の反応が獲得される。犬にエサ（無条件刺
激）を与えるとき，ベル（条件刺激）を鳴らしてからエサ（無条件刺激）を与え
るようにすると，ベル（条件刺激）を鳴らしただけでよだれを垂らす（生体反応
を示す）ようになる。

　人間の嗅覚と味覚においても，古典的条件付けによる学習によって，本来は
生体反応を示さない条件刺激に対しても生体反応が生じる。これは，文化によ
る食体験（消費経験による学習）の違いに顕著に現れ，ある特定の臭いを嗅ぐと，
その臭いに関連する味覚が促進される「嗅覚・味覚連動」が生じ，知覚体験に
影響をもたらす。羊羹とマシュマロを用いた基本五味の感知しやすさと味覚強
度の評定実験では，日本人は羊羹の香りと甘みが連動するのに対して，ドイツ
人は連動しないことが明らかになった。この実験では，日本人には学習経験
があるがドイツ人にはない羊羹と，日本人とドイツ人の双方に学習経験のあるプ

レーンなマシュマロを用いて，臭いを感じない鼻腔閉鎖条件と，レトロネーザルアロマを感じる鼻腔解放条件における基本五味の感知しやすさと感覚的強度の評定を行った。

　結果，日本人では，羊羹とマシュマロの双方で，鼻腔解放条件における感知しやすさと感覚的強度が鼻腔閉塞条件よりも増大した。他方，ドイツ人では，鼻腔解放条件におけるマシュマロの感知しやすさと感覚的強度は高まったが，羊羹では鼻腔の解放・閉塞による変化はみられなかった。日本人の場合，羊羹（小豆の香りと甘味の組み合わせ）を味わう文化（条件付けによる学習）によって，羊羹のレトロネーザルアロマと甘味の連動が生じ，甘味の検知が嗅覚によって促進されたと考えられる。他方，ドイツ人には，小豆の香りと甘味を味わう経験が少なく，連動が成立していないため，鼻腔の解放・閉塞による変化はみられなかった。

注

⑴　https://www.maff.go.jp/j/syokuiku/zissen_navi/index.html（2023.08.11 アクセス）
⑵　文部科学省「食品成分データベース」　https://fooddb.mext.go.jp（2023.08.11 アクセス）
⑶　坂井信之「人の味わいと感性評価（仮）の提唱——人は化学物質を味わっているのか？」http://www.mac.or.jp/mail/220201/01.shtml（2023.08.11 アクセス）
⑷　山本隆（2017）『HEALTHIST』241, 2-7 頁。
⑸　Ruiz, C., Gutknecht, S., Delay, E., & Kinnamon, S. (2006) 'Detection of NaCl and KCl in TRPV1 knockout mice', *Chemical Senses*, 31, pp. 813-820.
⑹　和田有史（2019）「食における多感覚知覚」『基礎心理学研究』Vol. 38, No. 1, 149-153頁。
⑺　和田「前掲書」。
⑻　ヘドニックコントラストの研究については，和田「前掲書」参照。
⑼　嗅覚と味覚の関係については，坂井「前掲書」参照。
⑽　小早川達・後藤なおみ（2015）「食品の味わいと味覚・嗅覚」『日本調理学会誌』Vol. 48, No. 3, 175-179頁，及び，小早川達（2015）「経験と文化による味覚・嗅覚の変化」『日本味と匂学会誌』Vol. 22, No. 2, 171-179頁。

練習問題

• ①単因子格付法，②多因子格付法，③経験的格付法に該当する事例を調べなさい。

- 文部科学省「食品成分データベース」 https://fooddb.mext.go.jp を用いて，自分の好きな食品の栄養成分を比較分析しなさい。
- 具体的な地域特産品（ご当地グルメや伝統食など）を取り上げ，どのような「認識的枠組み」が地域の食文化に影響を及ぼすか，実食しながら考えなさい。

第 8 章
五感にもとづく官能評価法

この章では，味覚や嗅覚といった人間の感覚機能を用いた商品評価法，即ち
「官能評価」の役割と基礎的手法について論じていく。官能評価は様々な生
活領域で用いられているが，ここでは特に，食品分野における役割について
考察していく。

キーワード：官能評価　味の相互作用　分析型官能評価　嗜好型官能評価
プロファイル法　フレーバーホイール　SD法

1　官能評価とは

(1)　官能評価の役割

　官能評価（sensory evaluation, sensory test）とは，人間の感覚機能（味覚，嗅覚，
触覚，視覚，聴覚）を用いて，物や人間の様々な特性を一定の手法に則って評
価・測定・検査する方法である。目的は，再現可能性の高い経験的データを収
集することにある。評価対象は，おもに商品の品質特性（色，濃度，甘み，辛み
など）と，嗜好特性（色や風味の好ましさ）である。官能検査は，食品の味覚テ
ストにおいて用いられることが多く，2種類の飲料に味覚の差があるか否かを
検定する場合には，差の有無と好ましさが測定される。

　官能評価は，機器測定よりも低コストで，かつ高機能な成果が得られる場合
に有効である。例えば，菓子や飲料の好ましさを順位付けするときや，甘味
（お汁粉など）や果物に塩を加えて，甘味が増すかどうかという「味の対比効
果」を測定するときである。

　官能評価は，企業による商品開発や改良だけでなく，品評会のようなコンテ

表 8-1　官能評価の役割

適用分野	課　題	おもな手法
新商品開発 • まったくの新商品	• 試作品の品質把握 • 標準品との比較（嗜好性）	• プロファイル法 • 2-3 点比較（識別・嗜好）法 • 尺度法，採点法，順位法
品質改善 • 新素材や新製法の導入	• 改善後の品質変化の把握 • 既存品との比較 　（品質↑やコスト↓）	• 2-3 点比較（識別・嗜好）法 • 尺度法，採点法，順位法
品質の維持 • バラツキや保存性	• 標準品との比較 　（バラツキ↓保存性↑）	• 2-3 点比較（識別）法 • 尺度法，採点法
商品テスト • 発売前の市場テスト	• 使用場面に即した評価	• 2-3 点比較（識別・嗜好）法 • 嗜好（意欲）尺度法 • SD 法，順位法
品質の評価 • 品評会，鑑評会など	• 他社製品との比較・格付け	• 尺度法，採点法，格付法

（出所）朝倉康夫（1997）『官能検査4 官能評価に用いられる統計手法』[1]をもとに筆者作成

ストなど様々な場面で用いられている。商品開発や品質改善では，試作品の品質や，改善後の品質の変化などを検査するために官能評価が用いられる。コーヒーやワイン，日本酒などの品評会では，収穫した年の作柄や産地（メーカー），商品の品質などの格付が行われる。官能評価の役割は**表 8-1**のとおりである。おもな手法については，「2 官能評価の手法」で述べる。

(2)　官能評価の手順

　官能評価の要件は，①明確な実施目的，②目的にあったパネリスト（試食者），③目的にあった検査手法（比較方法），④目的にあった統計的解析手法，⑤適切な環境である。パネリストとは，官能評価を行う試食者の集団である「パネル」の構成員ひとりひとりをいう。環境は，部屋の明るさ（200-400ルクス），温度（20-23℃），湿度（約60%），騒音（40ホーン以下），臭い（換気，脱臭）などをいう。実施時間帯は，空腹でも満腹でもない10時や14時といった時間帯を選ぶ必要がある。

　試料（食品）の温度や鮮度，大きさ・形，濃度，盛り付けや分量は均一にす

る。試料が最も美味しく感じられる温度は重要で，ご飯や汁物，珈琲，紅茶，緑茶などは，60〜70℃で提供する。ビールの香りは12℃，口当たりは8℃が適温なので，冷蔵庫（5℃）から出して数分経てから試飲し，［飲み始め⇒5分後⇒10分後］の変化を意識的に味わうようにする。1回で用いる試料の量は，液体であれば15ml（大さじ1杯），固体は30g（大さじ2杯）が適量である。

　試料を提示する際には，使用する器具や容器に臭いや色柄のない同一のものを用いる。試料の提示順（試食順）は，それぞれの試料が均等に割り当てられるようラテン方格を用いる。これは，n行n列の表にn個の異なる記号が各行各列に一度だけ現れる表で，ラテン方格の各記号に実験水準を割り当てる実験計画法をラテン方格法という（表8-2）。また，水や白湯を用意し，試食の始めや試食と試食の間など，必要な時に摂取したり，うがいをしたりすることで，前の試料の影響を最小限に抑えたり，口内をリセットしたりする。

表8-2　ラテン方格法の例

試料＼パネリスト	A	B	C
①	1	2	3
②	2	3	1
③	3	1	2

（出所）筆者作成

(3)　官能評価の測定対象

　官能評価の測定対象は，①質的特性，②強度，③味の相互作用，④時間的特性，⑤おいしさ，⑥学習である。以下，順に述べていく。

①質的特性

　質的特性とは，ⓐ試料の外観：色や形，大きさ，ツヤ，キメ，透明感など，ⓑ香り：前鼻腔性嗅覚（鼻から直接嗅ぐ香り）と後鼻腔性嗅覚（口腔を通じて感じる香り），ⓒ味：甘み，塩味，酸味，苦み，うま味，辛み，渋み，えぐ味，ⓓ油脂の加熱香気，ⓔテクスチャー（食感）：堅さ，粘性，弾力性，付着性，水分や油脂が引き起こす感覚などである。

②**強度**

　これは，試料がもたらす刺激（濃度や甘みなど）を感じる度合いで，ⓐ閾値，ⓑ検知閾，ⓒ認識閾，ⓓ弁別閾がある。ⓐ閾値は，感覚を引き起こす最小の刺激量（濃度）をさす。味覚を認識できる最小濃度は，塩味（塩化ナトリウム）で0.25％，甘味（ショ糖）で0.1〜0.4％，酸味（酢酸）で0.0012％，苦味（カフェイン）で0.006％，うま味（L-グルタミン酸ナトリウム）で0.03％とされている[3]。ⓑ検知閾は，水などの基準と試料とを区別できる最小の刺激量をいう。水と砂糖水との違いを感じる最小の投入量（甘みは感じない量）がその例である。ⓒ認識閾は，質（甘みや酸味など）が認知できる最小の刺激量をいい，コーヒーを「甘い」と感じる最小の砂糖の投入量がその例である。ⓓ弁別閾は，閾値より高い濃度で，刺激量を変化させたときに「変わった」と違いが感知できる最小の刺激の差（変化の幅）をいう。コーヒーに投入する砂糖の量を5g／6g／10g／20gと変えていったときに感じる甘さの変化（差）がその例である。

③**味の相互作用**

　これは，2種類以上の味覚物質を同時に，または時間の順序に沿って味わったときに生じる様々な相互作用をいう。そのひとつが「抑制効果（マスキング）」で，2種類の食品を同時に味わったときに，一方の味が他方の味を弱める現象をいう。レモンに砂糖を加えると，酸味や苦みが抑制される。コーヒーに塩を入れると，酸味と苦味が抑制されてまろやかな風味になり，コーヒーに砂糖を入れたときと同じ効果が得られる。焼き魚にレモンをかけると，レモンの酸味が焼き魚の塩味やはらわたの苦味を和らげる。

　対比効果は，和菓子やお汁粉といった甘味に塩を加えたり，スイカやトマトに塩を加えたりすると甘みが増すように，一方の味が他方の味を強める現象をいう。バニラアイスに醤油を加えても甘味が引き立ち，アイスの味をより明確に感じることができる[4]。相乗効果は，鍋に魚と野菜を入れたときのように，グルタミン酸（海草類や野菜）とイノシン酸（肉や魚）のような，同質の刺激（うま味）による味の増強をいう。魚や野菜単独では，閾値よりもはるかに低い濃度だが，相乗効果によってうま味が増強される。他にも，緑茶に含まれるアミ

ノ酸は，出汁の核酸と組み合わせることによって，和食（煮物）の旨味を飛躍的に高める効果がある。変調効果は，ケーキを食べた後に果物を食べると，果物の酸味を強く感じたり，苦いコーヒーを飲んだ後に水を飲むと水が甘く感じたりするように，先に味わった食品の影響で，後に味わう食品の味が変わる現象をいう。順応効果は，甘いケーキを食べた後に甘いジュースを飲んでも甘味を感じにくくなるように，同じ刺激を連続して味わうと，その刺激への感じ方が鈍くなり，閾値が高くなる現象をいう。

④時間的特性

　これは，時間に沿って変化する感覚（味覚）の変化をいう。酸味は，口に含むと速やかに発現し急速に消失していくため，口腔の清涼感を感じる。うま味は，長く持続するため，余韻を楽しむことができる。固形物は，口に入れる前の香りと，咀嚼してから飲み込み，後味を味わうまでの間で，組織構造の変化や唾液が混ざることなどで風味やテクスチャーも変化する。ステーキや唐揚げなどを食べ始めた時と，終わり頃の香りや味わい，後味の変化がこれに該当する。

⑤おいしさ（快／不快）

　これは，喫食したときに「快い」感覚を引き起こす食品の性質をいう。「おいしい」と思うか否かは個人差が大きいが，甘味や塩味，うま味は，生得的に「快い」と感じる。一方，酸味や苦味は，生得的に「毒（毒物や腐敗物）」として認識するため「不快」と感じる。したがって，コーヒーやビールの苦み，酢の物などへの嗜好の変化は，学習によって修得される。香りへの「快／不快」は後天的に獲得するとされている。適度な甘みや酸味など，「快／不快」を決める最適な強度は，個人差，地域差，民族差が大きい。

⑥学習（慣れや飽き）

　チーズや納豆などの発酵食品の臭いや，コーヒーやアルコール飲料への嗜好の変化は，繰り返して喫食することによる味覚の変化，即ち学習（慣れ）によるところが大きい。また，好きな食べ物を食べ続けることによる飽きは，好みの変化をもたらすことがある。一般的に，口当たりの良い食品は飽きやすいとされている。また，年齢の変化による味覚の変化もある。

2　官能評価の手法

(1)　分析型と嗜好型

　官能評価の手法は，①分析型官能評価（客観的評価）と②嗜好型官能評価（主観的評価）に分けられる。①分析型官能評価は，試料間の差の程度や品質特性を描写する方法で，パネルの識別能力（試食者集団の客観性）が問われる手法である。分析型官能評価は，識別型と，記述型に分けられる。識別型は，原料や製造・調理・加工方法の違いによる「品質の差」を検出する方法で，具体的には，味覚や香りなどの特性比較や順位付けなどを行う手法である。記述型は，パネルが感じる試料の「特徴（味覚や味の特性）」を網羅的に調べる手法である。

　分析型官能評価を行う際には，個室法（クローズド・パネル法）と，円卓法（オープン・パネル法）が用いられる。個室法は，パネリストひとりずつに，流しなどが備えられたブース（個室）が用意され，他のパネリストの影響を受けない環境で官能評価を行う方法である。円卓法は，パネリストがひとつの部屋に集まり，意見交換をしながら官能評価を行う方法である。

　②嗜好型官能評価は，パネリストの嗜好（主観）にもとづいて，好ましい試料を二者択一したり，順位付けしたりする方法である。パネリストは嗜好型パネルと称され，ダイニングや食堂，会議室など，実際に喫食する場面に近い環境で試料を評価する。

　分析型官能評価を行うためには，専門的な識別能力や知見，経験を有したパネリストで構成される必要があるが，嗜好型官能評価では，識別能力の高い専門家に限らず，識別能力が問われない一般の消費者であっても構わない。官能評価におけるパネルの役割は，それぞれの目的，パネルの性質（専門性），適応分野によって，**表 8-3** のように分けられる。

　官能評価は，人間の感覚機能にもとづいた商品評価であるが故に，その評価には，検査時間や環境（雰囲気），個人差（嗜好特性，気分や体調）といった条件によるデータ間のばらつきが生じやすく，その結果には信憑性が残らざるを得

表8-3　官能評価におけるパネルの役割

	分析型パネル	嗜好型パネル
目　的	品質の差の検出 格付け・尺度化 品質特性の描写	好みの分析
パネルの性質	専門家 識別能力が高い 少人数 客観的判断	一般人 識別能力は低い 比較的多数 主観的判断
適応分野	品質管理 工程管理 品質改良	嗜好調査 イメージ調査

(出所) 朝倉康夫 (1997)「官能検査4 官能評価に用い
られる統計手法」[6] をもとに筆者作成

ない。「好ましさ」という嗜好性や経験値に依存する評価にも個人差があり，安定性に欠くが故に，定量的測定（数値化）が困難であることを理解しておかなければならない。

　分析型パネルは客観性は高いが，その評価結果が必ずしも市場性（商品の売れ行き）を反映しているとはいえない。「玄人好みの商品」は，一部の専門家やマニアには高く評価されるものの，世間ではあまり評価されないことはあまた存在する。他方，一般の消費者による嗜好型パネルは，主観性が高いが故に，その評価結果に偏りがあることは否めないが，専門家による分析型パネルの評価よりも市場性を反映していることがある。専門家からみた商品としての客観的な優秀性は，「売れ筋」という市場における評価とは必ずしも一致しない別次元の評価であることも理解しておかなければならない。

(2)　評価主体と基準の妥当性

　素材や製造技術などで優れた（ときに個性的な）高級食品と，廉価な大衆品（量産品）とを一般の消費者が評価すると，後者の方が有意に好まれる傾向にある。これは，高級品が必ずしも大衆市場で高評価を受ける訳ではなく，「誰もが美味しい」と感じる品質レベルの商品の方が大勢を支配する可能性が高いこ

とを意味している。逆に言えば，多くの消費者が支持する商品は，必ずしもすべてが「高品質な商品」とはいえず，平均的な品質を保持した「大衆品」であることの方が多い。

　つまり，多様な属性をもった不特定多数の評価主体が集まる大衆市場では，商品評価に対する専門性の個人差は大きくなり，評価基準が平均化される。したがって，大衆市場における多数決は，必ずしも高品質を意味する訳ではなく，そこでの判断には限界があると考えるべきだろう。こうした点からも，商品評価を行ったり，評価結果を論じたりする上では，その評価主体と基準の妥当性には注意を払う必要があるとともに，元から品質レベルの異なる高級品（店）と大衆品（店）は同列に扱えないし，扱うべきではない。

　また，「(3)官能評価の測定対象」の「⑥学習（慣れや飽き）」でも述べたように，発酵食品や酢の物，コーヒー，アルコール飲料など，食べ慣れるにつれて，あるいは年齢を経た後に美味しく感じる食品がある。これは，時間の経過にともなって評価主体の学習や身体的・生理的変化が生じ，評価基準（嗜好）が変わることを意味する。そのため，上記の食品を評価する際にも，評価主体と基準の妥当性を確認する必要がある。他にも，一部の食品では甘味化が進み，甘味の強いブランド（銘柄）が選ばれる傾向もある。そのため，市場の傾向や甘味の嗜好性の違い，いわゆる「甘党／非甘党」といった個人差にも注意を払いながら，評価主体と基準の妥当性を検討する必要がある。

(3)　官能評価の主体と手法

　官能評価の手法は，評価主体と手法によって**表8-4**のように分類できる。分析型パネルの場合，識別法や格付け法，プロファイル法やQDA法といった，識別能力が問われる手法を用いて試料の差や品質特性を識別する。嗜好型パネルでは，嗜好法，順位法，SD法といった専門性を要しない手法を用いて嗜好性（好ましさ）が判断される。以下，おもな手法について概要を述べていく。

①識別法（2点比較法）

　これは，2種類の試料（A，B）をパネリストn人（n回）の繰返しで評価し，

表8-4　官能評価の手法

	分析型パネル	嗜好型パネル
識別法	2点識別法 3点識別法 1対2点識別法	2点嗜好法 3点嗜好法
尺度法	順位法 格付け法 カテゴリー尺度法 採点法 一対比較法	順位法 カテゴリー尺度法 (嗜好尺度，嗜好意欲) 一対比較法
特性描写	プロファイル法 QDA 法	SD 法

(出所) 朝倉康夫 (1997)「官能検査4 官能評価に用い
られる統計手法」[7]をもとに筆者作成

試料間の品質や好みの差の有無を判定する方法である。具体的には，新商品と既存品との差，生産時期や工場による製品ロット間の差，自社商品と他社商品との品質の差などを判断する際に用いられる。2点比較法には，2点識別法と2点嗜好法，1対2点識別法などがある。

　2点識別法は，客観的な差が存在する試料間の品質特性（差）を判定する方法である。試料間の差異を判断するときは，n人のパネリストが1回以上試行し，パネリストの識別能力を判断するときは，ひとりがn回試行する。2点嗜好法は，2つの試料に対する嗜好の差の有無を判定する方法で，n人のパネリストが1回以上判定を行う。1対2点識別法は，試料A，Bのどちらかを標準品Sとして提示した後，別にAとBを提示し，どちらがSと同じかを判断する方法である。試料間の差異を判断したり，パネルの識別能力を判定したりする際に用いられる。2点識別法と2点嗜好法のイメージは，**図8-1**のとおりである。

②尺度法

　尺度法とは，強弱や大小の段階評価（5件法，7件法など）を用いる評価方法である。甘みであれば，［とても甘い／甘い／やや甘い／あまり甘くない／甘くない］，もしくは，［甘み：弱1-2-3-4-5強］といった尺度を用いる。

図8-1　2点識別法と2点嗜好法のイメージ

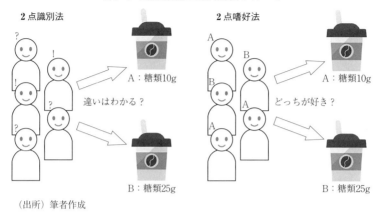

2点識別法

? ! ! ? ?

違いはわかる？

A：糖類10g

B：糖類25g

2点嗜好法

A B B A A

どっちが好き？

A：糖類10g

B：糖類25g

（出所）筆者作成

「甘い」の反対は「甘くない」なので，［甘い⇔辛い］［甘い⇔酸っぱい］といった尺度は設けない。

　順位法は，異なるn個の試料の特性（甘さや辛さ）や好ましさの順位をつける方法である。格付け法は，異なる試料を「S／A／B／C」「1／2／3級」「合格／不合格」などに順位づける手法である。カテゴリー尺度法は，「非常に強い／やや強い／普通／やや弱い／弱い」といったカテゴリー尺度（段階評価）を用いて試料の特性や嗜好を順位づける方法である。採点法は，カテゴリー尺度を点数化（＋2／＋1／0／−1／−2）して順序づけする手法である。一対比較法は，異なるn個の試料から2つずつ取り上げ，ペアごとに比較しながら試料間の優劣や差の程度を評価する手法である。順位法は，すべての試料を一度に評価して順位づけをするが，試料の数が多くなると，一度に順位づけすることが難しくなる。そのため，すべての試料から2つずつ抜き取り，ペアごとに比較しながら試料全体を評価する一対比較法を用いる。

③特性描写

　特性描写のなかのプロファイル法（記述型官能評価）とは，試料の特性を言葉で描写する方法である。これは，予め訓練を受けた3〜10人の専門家パネルが，試料の特徴を様々な言葉で表現し，全体で合意が得られた特徴を選んでいく。

図8-2　ピザのプロファイル法

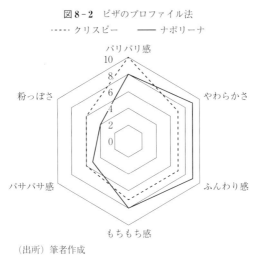

(出所) 筆者作成

その後，試料特性を感知する順序を判断した上で，特性ごとに試料の強度を評価（数値化）していく。図8-2は，ピザのプロファイル法の例である。

　コーヒーやビール，ウイスキーの特性を描写する上では，一般的に「フレーバーホイール」が用いられる。コーヒーには，苦味や酸味だけでなく，オレンジやライムのようなフルーティーな香り，ハチミツやシロップのような甘い香り，シナモンやペッパーのようなスパイシーな香り，焼け焦げたような，あるいは燻製したようなスモーキーな香りなどがある。こうした様々な香りを表現したのが図8-3のフレーバーホイールである。

　QDA法（Quantitative Descriptive Analysis：定量的記述分析法）[8]は，記述型官能評価手法のひとつで，パネリスト全員が共有できるサンプル特性を対象に強度の評価を行う手法である。作業手順は以下のとおりである。

①パネルの選定：50％以上の確率で製品間の差異を検出できるトレーニングされた10-12名のパネリストを選ぶ。パネルを管理し評価をコントロールするパネルリーダーは，パネリストとして評価には参加しない。
②言葉出し：サンプルから感じる香りや味の特徴をパネリストひとりひとりが

図8-3　コーヒーのフレーバーホイール

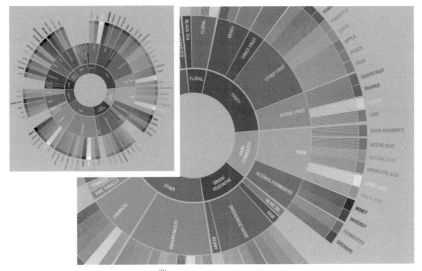

（出所）Specialty Coffee Association[9]

個別に言葉として書き出す。

③話し合い：②で出た言葉と意味（香りや味の特徴）とが1対1で対応するようパネリスト間で共有する。

④特性表現用語の決定：②の言葉のなかから，パネリストが共有し評価可能な言葉を特性表現用語として数値化の対象とする。

⑤試し評価：評価対象となるいくつかのサンプルを用いて数値化する。

⑥尺度合わせ：④でパネリストの評価がばらついた特性を対象に，定義の再確認や強度の補正を行う。

⑦本評価：評価対象となるすべてのサンプルを対象に数値化を行う（最低3回以上繰り返す）。

⑧データ分析：通常の数値データと同様のデータ解析を行う。

　評価に際しては，両端にアンカーのついた線尺度を用いる。これは，自らの感覚や印象にもとづき，数字をもたない線尺度上の好きな位置に属性ごとの強度をマークする方法である（図8-4）。

図8-4　線尺度の例

（出所）筆者作成

図8-5　QDA スパイダープロットの例

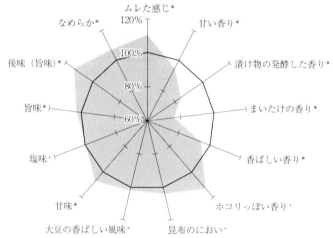

市販丸大豆しょうゆ（グレー部分）と市販脱脂加工大豆しょうゆ（太線）の違い
注：＋：p＜0.1　＊：p＜0.05（unpaired t-test（two-tail））
（出所）キッコーマン株式会社ホームページ「QDA 法」[10]

　④特性表現用語の決定では，試料を的確に表現するために「甘い，苦い，酸っぱい，塩辛い」だけでなく，「まろやかな，すっきりした，こくのある，くどい」といった，様々な言葉（味の表現方法）と，その選定（適切な用い方）に注意を払わなければならない。同じ言葉でも異なる特徴をさす場合，例えば「甘い匂い」は，「バニラの匂い」「チョコレートの匂い」「ハチミツの匂い」といった別々の表現に置き換える。異なる言葉でも同じ特徴をさすもの，例えば

「ミルキーな香り」と「牛乳のような匂い」は，ひとつの表現にまとめる。「みずみずしい／水っぽい」「あっさり／味気」ないといった，似て非なる言葉にも注意が必要である。評価結果は，QDA スパイダープロットとして表記する（図 **8 - 5**）。

SD 法（Semantic Differential）は，嗜好型評価で商品のイメージなどを分析する際に用いる。「明るい－暗い」「派手－地味」「重い－軽い」「男性的－女性的」といった反対語を両極にした5 ～ 7 段階評価尺度を10～30個提示して商品特性を評定する。各項目の平均値は，その商品の平均的なプロフィールとなる。

注
(1)　朝倉康夫（1997）「官能検査 4 官能評価に用いられる統計手法」『日本ブドウ・ワイン学会誌』Vol. 8, No. 2, 105-111頁。
(2)　食品に関する官能評価の留意点については，山口静子「官能評価の信用性と適切な活用法」一般財団法人食品分析開発センター SUNATEC 参照。 http://www.mac.or.jp/mail/120701/01.shtml（2023.08.16 アクセス）
(3)　西堀すき江編著（2021）『マスター調理学』建帛社。
(4)　「しょうゆの『色』『味』『香り』『効果』」キッコーマン株式会社　https://www.kikkoman.co.jp/soyworld/subete/features.html（2023.08.16 アクセス）
(5)　「『お茶』と『出汁』，うま味の相乗効果～和食の味わいを引き立てる "お茶のうま味成分"」株式会社伊藤園　https://www.itoen.co.jp/research/theme/taste/うま味の相乗効果/（2023.08.16 アクセス）
(6)　朝倉康夫（1997）「官能検査 4 官能評価に用いられる統計手法」『日本ブドウ・ワイン学会誌』Vol. 8, No. 2, 105-111頁。
(7)　朝倉康夫『前掲書』。
(8)　今村美穂（2012）「記述型の官能評価／製品開発における QDA 法の活用」『化学と生物』Vol. 50, No. 11, 818-824頁。
(9)　https://sca.coffee/store（2023.08.16 アクセス）
(10)　https://www.kikkoman.com/jp/quality/research/about/functional/qda.html（2023.08.16 アクセス）

参考文献
内田治・平野綾子著（2012）『官能評価の統計解析』日科技連出版社。

練習問題

- 下の表を参考にして，身近な食品で「味の相互作用」と「時間特性」を実感しながら，その結果をまとめなさい。

	試料 （試食した食品）	結果 （どのような味の変化があったか）
例：時間特性	鶏の唐揚げ	熱々サクサク⇒口から鼻に広がる肉の香りとジューシーさ⇒しっとり感と旨味（後味）が残る
抑制効果	例：コーヒー＋塩 例：焼き魚＋レモン	
対比効果	例：プチトマト＋塩 例：バニラアイス＋醤油	
相乗効果	例：和食（煮物）＋緑茶	
変調効果	例：チョコ⇒果物 例：醤油せんべい⇒水	
順応効果	例：ドーナツ⇒ジュース	
時間特性	例：チョコ、ガム、グミ	

- 自身の経験や，家族や友人の経験をもとに，これまでに「学習」した食品を取り上げ，どのような経緯で「慣れ」や「飽き」に至ったか200字程度でまとめなさい。
- 好きな飲み物をひとつだけ取り上げ，フレーバーホイールやQDA法の特性表現用語を参考にしながら，10以上の言葉（形容詞など）で，味や香り，口あたり，喉ごし，飲み応えなどを描写しなさい。

第 9 章
商品評価の実践

この章では，第6章～第8章までの議論を踏まえ，日常生活でも実践できる消費者による商品評価（官能評価），即ち「商品テスト」の基礎的手法について論じていく。特に，商品テストにおける［目的の明確化（課題や仮説の設定）⇒テストの設計⇒実施⇒テスト結果（傾向と特徴）の整理⇒仮説の修正⇒全体的な課題の抽出］までの基本的なプロセスを示していく。

キーワード：商品テストの設計　仮説抽出　社会的な課題（問題意識）　理論仮説・操作仮説

1　商品テストの設計

(1)　日常生活における商品テストの意義

　第8章「五感にもとづく官能評価法」で述べたように，厳密な商品評価を行うためには，明確な実施目的，目的にあったパネリスト（試食者），目的にあった検査手法（比較方法），目的にあった統計的解析手法，適切な環境が必要である。さらに，試料の温度や分量，提示する容器の色柄，提示の順序などにも配慮しながら，試料の質的特性，強度，味の相互作用，時間的特性などを評価していく必要がある。

　しかし，こうした手順のすべてを踏襲するには，専門的な知見と整った環境（設備）が必要であり，日常的な生活環境では，学術的・実務的要件を十分に満たした商品評価は行えない。しかし実際には，一般の消費者が日頃の何気ない生活場面で商品を評価していることを考えれば，様々な要件の重要性は認めつつも，それらが不十分な日常生活のなかで敢えて商品評価を行うことにも一

145

定の意義はあるだろう。また，十分な研究環境をもたない社会科学系の大学生たちが，商品評価の何たるかに，一部でも触れる機会をもつためにも，簡素化された初歩的なアプローチを提示する意義はあるだろう。

　そこで本章では，専門家による整った環境下での商品評価の手順を尊重しつつ，日常生活のなかで行われる消費者による商品評価，即ち「商品テスト」の初歩的な手法を提示していく。次に，ケース・スタディとして，筆者のゼミナールで学生たちが設計・実施した初歩的な商品テストを紹介していく。

(2)　商品テストの設計

　商品テストを行う上では，基本的に以下の手順を踏まえる。一般の消費者が自分たちで商品テストを行おうとするときには，とかく①～③が疎かにされ，いきなり④の商品テストから始めようとすることがある。しかし，何事も然るべき手順を踏まなければ，望ましい成果は得られない。

①目的の明確化——課題や仮説の設定

　ここでは，商品テストをとおして明らかにしたいこと，言い換えれば，どのような課題を解決したいのか，あるいは，どのような仮説を検証したいのかを明確にする。例えば，「コーヒーの苦手な人たちに慣れ親しんでもらうには，どのような風味にすれば好まれるのだろうか」というのは，コーヒーを手がける飲料メーカーや飲食店が抱える永遠の課題である。「苦みを抑え，甘みを強くすれば，コーヒー嫌いにも好まれるだろう」というのは仮説である。しかし，仮説通りにならないのも現実で，「苦みと甘みをコントロールしただけでは飲んでもらえないのはなぜか」というのがさらなる次の課題となる。「味覚よりも，軽めでフルーティーな香りの方が好まれるのではないか」など，新たな仮説を導き出して検証していく。そして，そこからさらなる課題と仮説を抽出し，検証していく。こうした［仮説‐検証］のサイクルを繰り返しながら最適解を導き出していくのが，コーヒーに限らず，様々な飲料を手がけるメーカーや飲食店の宿命ともいえる。

　他方，事前に仮説を設けない，仮説抽出型の探索的テストを行うことも可能

である。この場合，テストの結果（データ）から様々な傾向や特徴を見つけ出し，そこから一定の法則性や本質的特性を導き出していく。しかし，課題を明確に設定しなければ，有力な仮説は導き出せないので，課題もなく商品テストを行った場合は，試食会や飲み比べで終わり，得られる示唆は乏しくなる。

　ここでいう課題とは，「個人的な課題（興味・関心）」と「社会的な課題（問題意識や関心事）」に分けられる。例えば，自分たちが飲みたい飲み物を持ち寄って飲み比べ，好みや優劣を比較することは，当事者だけの個人的な関心事である。しかし，人気ブランドの飲料と他社の飲料とでは，どのような風味の差があり，消費者のどのような嗜好に対応しているのかを明らかにすることは，飲料市場を分析する上で様々な示唆をもたらす社会的な課題といえる。また，一定の健康効果が期待できる特定保健用食品（トクホ）や機能性食品は，どのような風味であれば多様な年齢層に喫食してもらえるかという課題は，より多くの人々（社会全般）に支持される課題といえる。試飲会や飲み比べは，興味や関心，専門的な知見を共有する場として非常に有効だが，学術的な思考を目指すのであれば，課題は「社会的なレベル（問題意識）」に設定することが望ましい。

②課題や仮説の構成要因と，その測定指標の設定

　上記の課題と仮説の構成要因は，飲料の風味（甘み，苦み，酸味，香り，コクなど）になる。測定指標は，「8章 五感にもとづく官能評価法」で示した識別法（差の有無）のほか，「とても強い／強い／どちらでもない／弱い／とても弱い」といったカテゴリー尺度法や，それにもとづく採点法などを用いる。言語表現を用いるのであれば，プロファイル法のフレーバーホイールなどを活用する。

③テストの設計——評価対象や手法の決定

　ここでは，評価対象となる商品（何を），パネリスト（誰が），喫食方法や順序など（いつ，どこで，どうやってテストするのか）を決める。コーヒーでいえば，缶コーヒー，コンビニコーヒー，専門店など，どのようなコーヒーを用いるのか，テストの目的によって最適な評価対象を選ぶ必要がある。ドリップ・コーヒーであれば，豆の産地や種類，ロースト方法，ドリップ方法など，目的に応

じて選択する必要がある。ソフトドリンクの場合，茶系飲料，スポーツドリンク，乳酸菌飲料といったカテゴリーとともに，炭酸の有無（強度），プレーンな味からフルーツ風味やビター風味，子供向けから大人向け，機能性の違いなど，多様な種類から適切な商品を選ぶ必要がある。

　パネリストは，年齢や性別，嗜好性など，目的に応じて，できるだけ最適な人たちを選ぶ必要がある。商品テストは基本的に少人数で行うため，パネリストの構成は，結果を大きく左右する。年齢層や用途などを絞った食品であれば，ターゲット層となるパネリスト（同質なニーズをもつ人々）を揃える必要がある。一般の食品であれば，できるだけバランスのとれたパネリストになるよう，選定基準には注意を払うべきである。パネリストに偏りがあるならば，それを前提条件としてテストを行わなければならない。自分たち自身がパネリストとなってテストを行うのであれば，自分たちはどのような属性や特徴をもった消費者なのかを自覚しておく必要がある。

　テストを行う環境や時間帯，試料の温度や容量は，8章「1(2)　官能評価の手順」で示した手順をできるだけ踏襲する。測定対象は，基本的に味や香りの「強度」と「おいしさ（好ましさ）」になるだろう。

　結果の妥当性と仮説を統計的に検証するのであれば，識別法，尺度法，SD法などにもとづいて，二項検定やt検定，多変量解析などを行う必要がある。結果の妥当性とは，それが偶然生じた特異な結果ではなく，より多くの事象（人々）にあてはまるのか否か，即ち母集団への一般化の可能性をいう。本書では，統計的な検証方法については論じないが，テストから明らかになった傾向や特徴を整理し，仮説を修正するだけでも，社会科学の基礎的学修にはなるだろう[1]。但し，統計的検定を行わない場合には，テストの結果は，そのまま一般化できるものではなく，あくまでも「仮説に過ぎない」ことを自覚しておく必要がある。

④テストの実施

　十分なテスト環境は望めないとしても，設計どおりにテストができるよう，8章「1(2)　官能評価の手順」を参考に，できるだけ環境は整えるようにする。

全員が同じ手順や条件で喫食し，その前後には必ず水を飲むなど，基本的な要件を満たすようにする。喫食した結果は，まとめて記録するようなことはせず，その都度（1回ずつ）記録をつける。

⑤テスト結果の整理と仮説の検証・修正

　テスト結果の記録（データ）から，どのような傾向や特徴がみられたかを整理し，仮説を検証・修正する。本書では，データの整理と仮説修正についてのみ後述する。事前に設定した仮説がどの程度の妥当性をもつのか，パネリストの特徴（属性や嗜好性），テスト環境（条件）など，様々な偏りや偶然性が結果に及ぼす影響を考慮に入れながら検討する。

2　ケース・スタディ

　以下では，筆者のゼミ生が設計・実施した商品テストをケース・スタディとして紹介していく。彼らは，商品テストに関する十分な知見や環境は有していないものの，商品テストに関する最低限の基本的手順は踏襲するようにしている。

(1)　コーヒーの味変テスト
①概要

　先述したように，コーヒーの非愛飲者を愛飲者に変えていくのは，コーヒーを手がける飲料メーカーや飲食店が抱える永遠の課題である。ゼミ生たちは，この課題に取り組むべく，「飲みやすい味に変えれば，非愛飲者層の試飲率は高まるだろう」という「味変仮説」を設けた。短絡的な仮説であることは否めないし，そもそも嗜好品の愛飲者を増やす意義や必然性についても議論の余地はあるが，初学者が取り組むには妥当な課題と仮説といえる。

　彼らが考えた「操作仮説」は，以下のとおりである。操作仮説とは，抽象的な理論仮説を調査・観察可能な変数に置き換えた具体的な仮説である。ここでは，「飲みやすい味に変えれば…」という理論仮説を以下に示したH1〜H4

のより具体的な味（操作仮説）に置き換えていくことをさす。

H1　薄味：コーヒー豆の量を減らすことで風味（強度）を弱くする

H2　まろやか：乳製品などを加えて口あたりをまろやかにする

H3　スィート：砂糖などの甘味を増すことで，苦味と酸味をマスキングする

H4　スパイシー：チョコやシナモン，塩などで風味を変える

商品テストの概要は，以下のとおりである。

• 実施日：2021年11月17日（水）13：00〜17：00

• 実施場所：専修大学神田キャンパス5号館571教室

• 評価対象：市販のドリップコーヒー。これに，牛乳，生クリーム，砂糖，塩[(2)]などを加えて風味を変えていく

• パネリスト：専修大学商学部，神原ゼミナールの3年生7名

　うち，コーヒーの愛飲者は4名（ブラック派1名，砂糖やミルク添加派3名），非愛飲者は3名。パネリストのバランスは，ある程度確保されている

• 測定対象：風味（甘み，苦み，酸味，香り，コク）の強度と，好ましさ

• 測定指標：上記の測定対象を各自が「採点法（1〜5点）」で評価し，**表9-1**の評価シートに記入し，感想などの気づいた点があれば最後に記入する

表9-1　評価シート

氏名：		コーヒーA	コーヒーB	コーヒーC
風味	甘み	弱い 1-2-3-4-5 強い	弱い 1-2-3-4-5 強い	弱い 1-2-3-4-5 強い
	苦み	弱い 1-2-3-4-5 強い	弱い 1-2-3-4-5 強い	弱い 1-2-3-4-5 強い
	酸味	弱い 1-2-3-4-5 強い	弱い 1-2-3-4-5 強い	弱い 1-2-3-4-5 強い
	香り	弱い 1-2-3-4-5 強い	弱い 1-2-3-4-5 強い	弱い 1-2-3-4-5 強い
	コク	弱い 1-2-3-4-5 強い	弱い 1-2-3-4-5 強い	弱い 1-2-3-4-5 強い
好ましさ		否 1-2-3-4-5 良	否 1-2-3-4-5 良	否 1-2-3-4-5 良
気づいた点				

②作業手順と結果

　テストは「H1 薄味」から順に行っていった。一般的にドリップコーヒー
は，コーヒー豆14gに対する湯の比率が「1：16」になるように淹れる。この
割合をもとに，湯の量は一定にしたまま，豆の量だけを4段階に分けて減らし
ていくことで，コーヒーの風味（強度）を弱くしていった。配分は**表9-2**の
とおりである。それぞれ，カップ一杯分のコーヒー（224cc）を淹れ，それを7
杯に分けて各パネリストに割り当てる。各自は，1杯ごとに見た目を写真に撮
り，風味と好ましさ，気づいた点を**表9-1**の評価シートに記録していく。各
自の採点結果は，愛飲者／非愛飲者で分け，それぞれの平均値を算出して，全
体の傾向や特徴を把握していった（**表9-3**）。パネリストのおもなコメントは，
表9-4のとおりである。

　H2～H4では，通常の濃さ（豆14gに対する湯の比率＝1：16）で淹れたコー
ヒーに風味のアレンジを加えていき，H1と同様の手順で評価内容を記録して
いった。結果は**表9-5**，**表9-6**のとおりである。

表9-2　「H1 薄味」における配分表

コーヒーA：豆14g（豆：湯＝1：16）
コーヒーB：豆10.5g（25％減，1：22）
コーヒーC：豆7g（50％減，1：32）
コーヒーD：豆5g（75％減，1：48）

表9-3　「H1 薄味」のテスト結果

	愛飲者の平均値			
	A (14g)	B (10.5g)	C (7g)	D (5g)
甘味	1.5	1.5	1.5	1.5
苦味	3.3	2.8	2.8	2.3
酸味	3.3	2.3	2.3	1.8
香り	4.5	3.3	2.8	1.8
コク	3.8	2.3	2.0	1.5
好み	4.0	2.7	3.3	2.3

	非愛飲者の平均値			
	A (14g)	B (10.5g)	C (7g)	D (5g)
甘味	1.0	1.0	1.0	1.0
苦味	4.7	3.3	3.3	2.0
酸味	2.3	2.0	1.3	1.0
香り	4.3	3.3	3.0	1.7
コク	3.0	2.3	1.7	2.3
好み	2.3	2.3	3.0	3.7

表9-4 H1でのパネリストのコメント

愛飲者	・A：いつもの味。普段飲むコーヒーよりも薄く感じる。 ・B：急に苦みや酸味，香りを感じなくなる。B以降は，全体的に薄くなっていき，クセもなくなり，風味が損なわれている感じがする。 ・C：コーヒーだと言われても納得できない薄さだ。 ・D：コーヒー味の水のようだ。Cと同じくコーヒーとは言えない薄さ。
非愛飲者	・A：苦くて飲みづらい。苦くて飲みたいとは思わない。 ・B：苦みが抑えられて飲みやすくなった。 ・C：苦みがだいぶ減って飲みやすい。 ・D：飲みやすく，コーヒーの味があまりしない。

表9-5 H2～H4のテスト結果

	愛飲者の平均値									
	H2 まろやか			H3 スイート				H4 スパイシー		
	マシュマロ	牛乳	練乳	蜂蜜	砂糖	キャラメル	生クリーム	チョコ	塩	シナモン
甘味	3.7	2.3	3.0	3.0	3.0	3.0	2.8	1.7	1.7	2.0
苦味	1.3	2.3	1.0	1.3	1.8	1.3	2.0	1.7	2.0	3.7
酸味	1.3	2.3	1.7	1.3	2.3	1.0	1.8	1.3	3.0	2.3
香り	2.7	3.5	1.7	2.3	3.8	2.3	2.8	1.7	3.3	1.3
コク	3.7	3.0	3.0	3.7	2.8	3.5	3.5	3.7	2.7	2.3
好み	5.0	3.7	3.5	3.5	3.3	3.0	3.0	2.5	2.0	1.5

非愛飲者の平均値

	H2 まろやか			H3 スイート				H4 スパイシー		
	マシュマロ	牛乳	練乳	蜂蜜	砂糖	キャラメル	生クリーム	チョコ	塩	シナモン
甘味	4.0	2.3	3.3	3.7	3.3	3.3	4.0	1.7	1.3	1.3
苦味	2.7	3.0	1.7	1.3	2.7	1.3	2.0	3.0	3.7	4.3
酸味	1.3	1.0	1.3	1.0	1.0	1.3	1.0	1.7	2.0	2.0
香り	3.0	2.0	1.7	2.7	2.0	1.7	1.7	2.7	3.7	2.7
コク	2.7	2.3	2.0	2.7	2.7	3.0	2.0	3.3	2.7	3.0
好み	4.7	2.7	2.7	5.0	4.0	3.7	4.0	2.7	1.7	2.0

表 9-6　H2〜H4 でのパネリストのコメント

H2 まろやか

愛飲者	・マシュマロ：まろやかでふんわりとした甘さを感じ，飲みやすい。 ・牛乳：まろやかになり，苦みがなくなった。牛乳の後味を感じる。 ・練乳：苦みがほとんどなくなり，甘さが前面に出る。コーヒー感が薄まる。
非愛飲者	・マシュマロ：苦みはなく，まろやかな甘さで飲みやすい。 ・牛乳：味がまろやかになるが，牛乳の臭いや後味が強くなる。 ・練乳：苦みはなく，甘くて飲みやすい。

H3 スイート

愛飲者	・蜂蜜：苦みが抑えられ，ほんのりとした優しい甘さで飲みやすい。 ・砂糖：甘ったるく感じる。 ・キャラメル：味がまろやかになるが，甘みを強く感じる。 ・生クリーム：苦みが抑えられ，まろやかになった。
非愛飲者	・蜂蜜：苦みはなく，スッキリした甘さで飲みやすい。 ・砂糖：甘くて飲みやすい。 ・キャラメル：甘くなって飲みやすくなった。 ・生クリーム：苦みが弱まり，甘みを感じて飲みやすい。

H4 スパイシー

愛飲者	・チョコ：香りを強く感じるが，味には変化を感じない。 ・塩：苦みを和らげるが，香りがなくなって美味しく感じない。 ・シナモン：香りが強く，コーヒーの風味が消されてしまう。
非愛飲者	・チョコ：香りを強く感じるが，味はほぼ変わらない。 ・塩：苦みが少し消えるが，しょっぱく感じる。 ・シナモン：香りを強く感じるが，味の変化は感じない。

③傾向や特徴の整理

テスト結果から導き出された傾向や特徴を整理すると，以下のようになる。

「Ｈ１薄味」では，豆の量が減ることで風味が落ちるため，強度の弱いコーヒーは愛飲者には好まれないようである。特に，酸味と香り，コクへの評価は，豆の減少率に比例して大きく減少している。他方，非愛飲者は，豆の減少率，即ち風味の低下に反比例して，好ましさは高まっている。特に，苦みと酸味，香りの強度が弱いほど，好ましさが高まるようである。愛飲者／非愛飲者ともに評価が変わらなかったのが甘みであったことから，コーヒーから感じる甘みは，豆の量に比例しないのではないかと思われる。

「Ｈ２まろやか」では，愛飲者は苦みや酸味は弱く，コクは強く感じており，総じて好ましいと評価している。他方，非愛飲者は，ほとんどの項目で強度をあまり感じておらず，マシュマロの甘みの強さと好ましさを高く感じている。この結果から，まろやかな風味は，コーヒーの苦みと酸味をマスキングしているのではないかと考えられる。

「Ｈ３スイート」では，愛飲者は苦みと酸味を弱く感じており，好ましさでは平均的な評価をしている。非愛飲者も，苦みや酸味を弱く感じているが，香りやコクは愛飲者ほど強く感じていない。逆に，愛飲者よりも甘みを強く感じており，どれも好ましさが高くなっている。

「Ｈ４スパイシー」では，愛飲者は総じて風味を弱く感じているのに対して，非愛飲者は苦みとコクを強く感じており，ともに好ましさは最も低い評価となっている。

仮説Ｈ１～Ｈ４に対する愛飲者と非愛飲者の好ましさを比較すると，**表 9-7** のとおりである。「Ｈ１薄味」では，豆の量（コーヒーの濃度）に比例して，愛飲者と非愛飲者の好みが反比例する。「Ｈ２まろやか」では，愛飲者は比較的高い好ましさを感じているが，非愛飲者は平均より上の好ましさとなっている。「Ｈ３スイート」では，愛飲者は平均より上の好ましさを感じているのに対して，非愛飲者は高い好ましさを感じている。「Ｈ４スパイシー」は，愛飲者／非愛飲者ともに低い好ましさとなっている。愛飲者／非愛飲者ともに高い好ま

表9-7　仮説に対する愛飲者と非愛飲者の好ましさ

	H1 薄味	H2 まろやか	H3 スイート	H4 スパイシー	マシュマロ
愛飲者	×	◎	○	×	◎
非愛飲者	○	○	◎	×	◎

しさを示したのは，マシュマロのみあった。

④仮説の修正と妥当性の検討

　テスト結果から明らかになった傾向や特徴をもとに，当初の仮説H1〜H4を見直すと，次のようになった。

■薄味の二極化説

　「H1 薄味」では，コーヒーを薄めるにつれて苦みや酸味が弱くなり，非愛飲者の評価が高まると考えた。しかし，これによってコーヒーの風味が失われていくため，逆に愛飲者の好ましさを下げる結果となった。したがって，薄味は非愛飲者には好まれ，愛飲者にはあまり好まれないという，二極化をもたらすと考えられる。

■乳製品の効果限定説

　「H2 まろやか」では，乳製品（牛乳や練乳）がもつ脂肪分のまろやかな風味を加えることで，非愛飲者の評価が高まると考えた。結果，愛飲者はコクを強く感じ，高い好ましさを示したのに対して，非愛飲者は牛乳で感じる苦み以外は，総じて弱く感じており，平均的な好ましさを示すに留まった。したがって，乳製品の添加は，愛飲者の嗜好性は高めるが，非愛飲者には顕著な効果は期待できない（限定的）と考えられる。

■甘さアップの効果限定説

　「H3 スイート」では，甘さを高めることで，非愛飲者の評価は高まると考えた。仮説どおり，非愛飲者には高い好ましさを得られたが，愛飲者には苦みや酸味が弱く感じられ，平均的な評価に留まっている。これは，強い甘みによって苦みや酸味を弱く感じるマスキング効果によるものと考えられ，甘さアップは，愛飲者に限定的な効果しかもたらさないと思われる。

■ スパイシーの逆効果説

「H４スパイシー」では，チョコや塩，シナモンによる「味変効果」を期待したが，愛飲者／非愛飲者ともに低い好ましさとなった。これらの食品がもつ苦みや塩味などと，コーヒーの苦みや酸味などとの負の相乗効果（強度の増強）か，打ち消し効果（長所の相殺）などが原因ではないかと考えられる。

■ マシュマロ最強説

「H２まろやか」のひとつとして試験的にマシュマロを添加したところ，予想外の発見として「マシュマロ最強説」が浮上した。マシュマロによって，コーヒーの苦みと酸味が低減される（マスキング効果）一方，コクが変わらないまま甘みが増すことで，愛飲者と非愛飲者の双方から最も高い好ましさが得られた。これは，マシュマロに含まれるゼラチン，卵白，砂糖，バニラエッセンス等の原料が影響をもたらしたためと考えられる。

　テスト結果から，当初の仮説H１〜H４を見直し，導き出した①〜⑤の修正仮説は，どの程度の妥当性をもつだろうか。果たして，「マシュマロ最強説」は，多くの消費者に支持されるだけの一般性をもつだろうか。こうした点を検討するのが次のステップになる。

　食品メーカーや食品テスト機関が公開している商品テストのデータや，他の消費者がマシュマロ効果を試して発信しているSNSなど，参考になる資料をもとに，修正仮説の妥当性を検討していく。あるいは，異なる属性のパネリストで同じテストを行い，結果を比較検討することもできる。

⑤全体的な課題の抽出

　最後に，商品テスト全体をとおした課題を導き出していく。非愛飲者による以下のコメントは，嗜好品の商品テストを行う上で貴重な示唆をもたらしている。

　非愛飲者Y：テストした一杯ずつは少量だったが，段々と飲むのがつらくなっていった。各試飲のときに水を飲んで口直しを図ったが，コーヒーの苦味や香りが口に残ってしまっていた。

非愛飲者Ｏ：今回のテストでコーヒーは飲めるようになったが，飲みすぎて嫌いになった。

　食品の場合，パネリストの日頃の喫食経験は，テストの結果に様々な影響を及ぼす。好き／嫌いが分かれる嗜好品の場合，日常的な喫食者（愛飲者）と，ほとんど口にしない非喫食者（非愛飲者）との間には，当該食品への興味・関心とともに，経験値にも大きな差がある。非喫食者は，当該食品への興味・関心と経験値が低いだけでなく，そもそも「飲めない（生理的に受け付けない）」といった否定的な態度を有していることもある。非喫食者をパネリストにする際には，できるだけ彼らにストレスがかからないようテストを設計する必要がある。

　今回のテストから学んだ全体的な課題のひとつは，「非喫食者にも配慮した商品テストの設計」である。様々な「味変」を一度にテストしようとしたことに，設計上の無理があったといえる。滞りなくテストを行うことに専念するあまり，こうした結果は予測していなかったのであろう。しかし，こうした経験もまた，今後のテストに向けた貴重な知見となる。

補論　コーヒーの識別テスト

　ゼミ生たちは，コーヒーに関する専門的な知識と評価能力を有するバリスタとともに，カフェでフェアトレードコーヒーのワークショップを行う機会を得たため，そのなかで，参加者とバリスタによるコーヒーの風味の識別テストを行った。目的は，一般の消費者とプロとではコーヒーの風味を見分ける能力に差があるか否か，即ち「識別能力の差」を明らかにすることである。パネリストはコーヒーの愛飲者 7 名（20～30代の消費者）。評価対象は，ドリップ式のフェアトレードコーヒー。[3] 測定対象は，風味（苦味，酸味，香り，コク，余韻，舌触り）の強度で，採点法（1～5点）で評価した。

　結果は，**図 9-1** のようになり，酸味に対して大きな差が生じたことから，「プロの方が酸味の識別能力が高い」という仮説が得られた。「8章　五感にも

図9-1　識別テストの結果

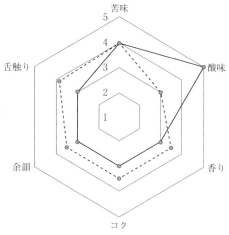

（出所）筆者作成

とづく官能評価法」で述べたように，酸味の閾値は0.0012％と，塩味（0.25％）や甘味（0.1～0.4％）よりもはるかに低い。したがって，バリスタは，僅かな酸味の強度を感じ取るだけの高い識別能力を獲得していると考えられる。

注
(1)　官能評価（商品テスト）における統計的検定の様々な手法については，内田治・平野綾子（2012）『官能評価の統計解析』日科技連出版社，古川秀子編著（2012）『続おいしさを測る――食品開発と官能評価』幸書房を参照されたい。
(2)　商標権等に配慮して，具体的な商品名と諸特性（産地や焙煎方法など）は省略する。ここではドリップコーヒーを用いたが，インスタントやコンビニコーヒーなど，目的に応じて適切な商品を選んでもらいたい。
(3)　商標権等に配慮して，具体的な商品名と諸特性（産地や焙煎方法など）は省略する。

参考文献
松本仲子（2012）『調理と食品の官能評価』建帛社。

練習問題

- 「2　ケース・スタディ」で紹介した商品テストからは，他にどのような仮説や全体的な課題が導き出せるか，3点以上挙げなさい。
- 本章での議論をもとに，コーヒー以外の食品で具体的な商品テストを設計し，以下の表に記入しなさい。その際，操作仮説を2つ以上設定しなさい。

商品テストの設計表

商品名	
・目的：課題や仮説 　理論仮説 　操作仮説	
・課題や仮説の構成要因	
・測定指標	
・パネリストの属性と特徴	
・仮説や結果の検証方法	
・想定される結果	
・想定される修正仮説と 　課題	

第10章
エコグッズの評価手法

我々がエコグッズを評価するとき，環境特性だけでなく，機能性や嗜好性も
評価する。この章では，エコストローの商品評価という試験的・萌芽的な研
究をとおして，エコグッズが有する多様な商品特性の評価方法と，その課題
について論じていく。

キーワード：エコグッズのジレンマ　市場性と社会性　カテゴリー尺度法
　　　　　　　線尺度

1　エコグッズのジレンマ

　エコグッズとは，省エネ型の商品や，生分解性の高い素材を活用した商品な
ど，環境への負荷の低い商品をさす。エコグッズは，環境に配慮しているとい
う商品特性だけで魅力的なように思われるが，実際には，環境特性と，機能性
や嗜好性（審美性），あるいは製造コストとのバランスが求められ，ときにト
レードオフになることがある。

　商品を分解・リサイクルしやすい設計にすれば，耐久性が低下したり，デザ
インが見劣りしたりすることがある。生分解性の高い素材を活用した場合には，
コスト高となって企業収益を圧迫したり，価格転嫁による売上の減少（顧客離
れ）が生じたりすることもある。環境に配慮した商品を開発しても，使い勝手
が悪かったり，デザインが魅力的でなければ売れないし，消費者にとって受容
可能な価格帯（値頃感）でなければ，世間に普及することもなく，環境保全に
もつながらない。

　低価格で使い勝手のよい既存の（売れる）商品をつくり続ければ，環境負荷

図 10 - 1　エコグッズのジレンマ

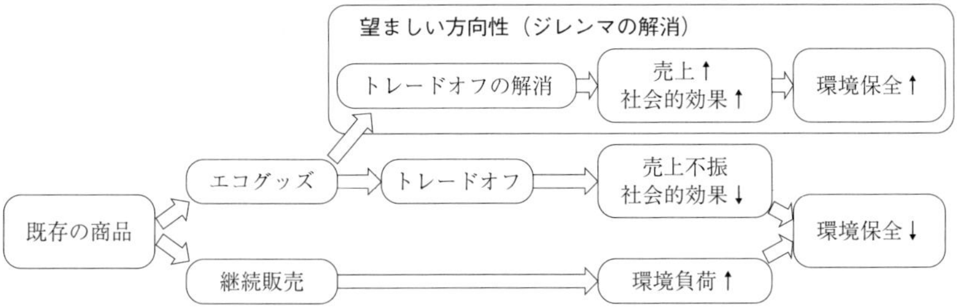

（出所）筆者作成

は高まってしまう。他方，環境に配慮した商品を開発したとしても，機能性や嗜好性，価格帯（コスト）などとのトレードオフが原因で売れず，ときに環境保全にも貢献できないことがある。こうした状況は，「エコグッズのジレンマ」といえる（図 10 - 1）。

　エコグッズは，環境特性だけでなく，機能性や嗜好性，価格とのバランスという高いハードルを乗り越えなければ，市場で生き残ることも環境保全に貢献することもできない。したがって，エコグッズとは，「市場性と社会性」との両立が至上命題として課された商品といえる。環境志向の企業は，「エコグッズのジレンマ」の解消に日々取り組んでおり，エコグッズを評価する場合には，こうした多大な企業努力を理解した上で，様々な評価視点とそのバランスを考慮する必要がある。そこが他の商品評価と異なる点といえる。

2　エコストローの商品評価

　以下では，プラスチック・ストローの代替品として普及しつつあるエコストローの商品評価法（官能評価）について論じていく。近年，SDGs（持続可能な開発目標）やプラごみ問題に対する意識の高まりによって，エコストローを採用する飲食店が増えつつある。しかし，消費場面における各商品の機能性や使い勝手については，消費者ユーザーによる経験的なデータが十分に蓄積されているわけではない。そこで，紙，竹材，大麦，草（レピロニア）を原材料とした

4種類のエコストローを取り上げ，プラストローと比較しながら，それぞれの
特性を評価していった。評価項目は，以下の品質特性（耐久性）と嗜好特性
（嗜好性と風味）である。

- 耐久性：堅牢度（折れや傷に対する強度），耐水性（ふやける度合い）
- 嗜好性：①香り，②手触り，③イメージ，④口あたり
- 風味：時間の経過にともなうドリンクの風味の変化

(1)　堅牢度の評価

　ここでは，エコストローの耐久性のなかでも堅牢度について評価していった。
作業手順は，以下のとおりである。

　5種類のストローから各3本ずつ，計15本（5種類×3本）をピックアップ
する。15名のパネリストは，ひとり1種類（1本）のエコストローを手に取り，
一斉に堅牢度を測定してく。ドリンクをかき混ぜるときなど，思わず指先で軽
くねじったり折ってしまったりすることを想定しながら，以下の手順で進めて
いく。

〈作業手順〉

　各回，ストローの状態（折れや傷，空気漏れなど）をチェックし，写真と文字
で記録する

　①ストローの端から3cmの部分を指先で軽く1回曲げたとき

　②同じ部分を指先で軽く3回曲げたときの状態

　③同じ部分を指先で軽く5回曲げたときの状態

　④同じ部分を指先で軽く10回曲げたときの状態

〈評価結果〉

　5種類のストローの堅牢度に関する評価結果は**表10-1**のとおりである。プ
ラストローの堅牢度については全く問題ないが，竹材ストローはこれと変わら
ない強度（柔軟性）を有しているようである。紙ストローは，何度も折り曲げ

エコストローの官能検査　　実施日：2020年11月18日
1. 耐久性テスト　　実施者：専修大学商学部神原ゼミ3年生15名
1-1. 堅牢度（折れや曲げに対する強さ・丈夫さ）
（検査方法）
・ストローの端から約3cmの部分を指先で軽く30～40度まで曲げる
・同じ箇所を10回まで曲げ、曲げた回数ごとにストローの状態（傷や漏れなど）を記録する

表 10-1　堅牢度の評価結果

	プラスチック	紙	大麦	竹材	草（レピロニア）
1回曲げたとき	・勢いよく跳ね返って元に戻る ・白い折り目（線）がつく	・紙の巻いてある方向に沿って斜めに折れる ・折り目にしわが寄り、周辺に溝が見られる	・折った方向と逆側に割れ目ができる ・元に戻らず、内側は割れ、外側はでつながっている状態	・勢いよく跳ね返って元に戻る ・少しだけ白い折り目（線）がつく ・折っていない側は変化なし	・30度ほど曲げた時点でパキッと縦に割れて飲めなくなる
さらに3回曲げたとき	・勢いよく反発して元に戻る ・白い折り目は変わらない	・折り目のしわが目立ってくる ・傷や漏れはない	・パキッと割れるが、ドリンクは飲める ・外側の皮だけでつながっている状態	・曲げてもすぐに元に戻る ・折った部分はさっきと同じ程度で、折り目が少し濃くなる	
さらに5回曲げたとき	・勢いよく反発して元に戻る ・折り目が柔らかくなってきた	・見た目は3回目とほとんど変わらない ・折り目が柔らかくなってくる	・折り目が段々濃くなる ・ストローの内側は丸いまで変化なし	・折った部分がへこみ、折り目が濃くなる	
さらに10回曲げたとき	・5回目以降は目立った変化なし ・折り目も変化なし	・折り目が柔らかくなって潰れていくが、破れることはない ・傷や漏れなどはないのでドリンクは飲める	・折り目は白く濃くなるが、空気の漏れなどはないので、ドリンクは飲める	・折った部分がへこみ、折り目が濃くなるが、ドリンクは飲める	
堅牢度の評価	◎	○	△	◎	×

163

写真 10 - 1　堅牢度の評価

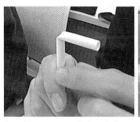

左：紙ストロー，中央：大麦ストロー，右：草ストロー

ると折り目が潰れていくものの，通常の使用に耐えうるだけの強度は十分に有している。大麦ストローは，折っても飲用には差し支えはないが，やはり強度に劣るといえる。草ストローは，5種類の中でも最も強度が弱く，折り曲げると割れて使用できなくなる。

⑵　嗜好評価

　次に，5種類のストローに対する嗜好評価を行った。

〈作業手順〉

　5種類のストローから各3本ずつ，計15本（5種類×3本）をピックアップする。15名のパネリストは，ひとり1種類（1本）のエコストローを手に取り，評価シート（図10-2）に沿って一斉に嗜好評価を行う。評価項目は，①香り，②手触り，③イメージ，④口あたりで，各評価項目のカテゴリー尺度（図10-2に記した5件法）は点数化（1～5点）し，評価者3名の平均値を代表値とした。

〈評価結果〉

　ストロー5種類に対する嗜好評価の結果は，表10-2のとおりである。日常的に使用しているプラストローへのイメージは，機能性や清潔感以外，あまり芳しいものとはいえない。紙ストローは，ナチュラル（自然派）で清潔なイメージが高い一方，接着糊の臭いや，口紅がストローに付くといった点で評価が分かれるようである。大麦ストローは，ナチュラル，個性的，あたたかみの

図 10-2　嗜好評価の結果

ストローの官能検査（2020/11/18）

(2)嗜好特性：各種3本ずつでテストし，各設問の該当項目に〇をつける

検査対象 [　　　　　　　　　　　　　　　　　　　] 例：大麦①

---

①香り：ストローを鼻の下1cmほどのところに持っていき，嗅いだときの印象
　　［とても好ましい － やや好ましい － どちらでもない － あまり好ましくない － 好ましくない］

気づいたこと：

---

②手触り：ストローを手で触ったときの感触
　　［とても好ましい － やや好ましい － どちらでもない － あまり好ましくない － 好ましくない］

気づいたこと：

---

③イメージ：ストローの見た目のイメージ
　3-1. ナチュラルな（自然派）
　　　　［とてもそう思う － やや思う － どちらでもない － あまり思わない － まったく思わない］
　3-2. 清潔な
　　　　［とてもそう思う － やや思う － どちらでもない － あまり思わない － まったく思わない］
　3-3. 高品質な
　　　　［とてもそう思う － やや思う － どちらでもない － あまり思わない － まったく思わない］
　3-4. 個性的な
　　　　［とてもそう思う － やや思う － どちらでもない － あまり思わない － まったく思わない］
　3-5. あたたかみのある
　　　　［とてもそう思う － やや思う － どちらでもない － あまり思わない － まったく思わない］
　3-6. 洗練された
　　　　［とてもそう思う － やや思う － どちらでもない － あまり思わない － まったく思わない］
　3-7. 高級感
　　　　［とてもそう思う － やや思う － どちらでもない － あまり思わない － まったく思わない］
　3-8. 先進的な
　　　　［とてもそう思う － やや思う － どちらでもない － あまり思わない － まったく思わない］

気づいたこと：

---

④口あたり：ストローを口に加えたときの感触
　　［とても好ましい － やや好ましい － どちらでもない － あまり好ましくない － 好ましくない］

気づいたこと：

あるイメージが高く，手触りや口当たりへの評価も高い。反面，高級，高品質
といったイメージは乏しいようである。竹材ストローは，5種類のなかで最も
イメージが高いものの，口あたりへの評価は低く，原材料がもつ香りへの評価
には賛否が生じるようである。草ストローは，ナチュラル，個性的，あたたか
みのある，洗練されたイメージが高く，手触りや口あたりへの評価も高い。但

表10-2　嗜好評価の結果

嗜好評価　実施日：2020年11月18日
実施者：専修大学商学部神原ゼミ3年生15名
評点：各項目5点満点

	プラスチック	紙	大麦	竹材	草（レピロニア）
①香り	・無臭 ・ストレスなく飲める ・3.5点	・ほぼ無臭 ・よく嗅ぐと少し接着剤のような臭いがする ・3.0点	・無臭 無臭 ・3.0点	・黒糖のような甘い香りがする ・焦げたような香りの後に甘い香り ・コーヒーのような香り ・ストローの臭いがキツイ ・3.0点	・最初は無臭に感じるが、次第に梅や家具の匂いがする ・4.0点
②手触り	・ツルツルしている ・いつもの感覚 ・4.0点	・ツルツルしている ・硬くて丈夫 ・少し力を入れても変形しない ・4.0点	・ツルツルして手触りがよい ・4.7点	・壁紙のようなザラザラした手触り ・凸凹した硬めの手触り ・少し手に引っかかる感触 ・触ると少しひんやりする ・3.0点	・硬い（竹と大麦の中間ぐらい） ・ザラザラした触り心地がよい ・4.4点
③イメージ	・ナチュラルな（自然派） … 2.0点 ・清潔な … 4.5点 ・高品質な … 1.5点 ・個性的な … 1.5点 ・あたたかみのある … 1.5点 ・洗練された … 1.0点 ・高級感 … 1.0点 ・先進的な … 1.0点	・ナチュラルな（自然派） … 4.0点 ・清潔な … 4.4点 ・高品質な … 2.6点 ・個性的な … 2.0点 ・あたたかみのある … 2.4点 ・洗練された … 3.6点 ・高級感 … 2.0点 ・先進的な … 3.6点	・ナチュラルな（自然派） … 5.0点 ・清潔な … 3.4点 ・高品質な … 2.0点 ・個性的な … 4.4点 ・あたたかみのある … 4.7点 ・洗練された … 1.7点 ・高級感 … 2.0点 ・先進的な … 3.6点	・ナチュラルな（自然派） … 5.0点 ・清潔な … 3.4点 ・高品質な … 4.5点 ・個性的な … 4.0点 ・あたたかみのある … 5.0点 ・洗練された … 5.0点 ・高級感 … 4.5点 ・先進的な … 2.0点	・ナチュラルな（自然派） … 4.7点 ・清潔な … 3.4点 ・高品質な … 3.7点 ・個性的な … 4.4点 ・あたたかみのある … 5.0点 ・洗練された … 4.0点 ・高級感 … 3.4点 ・先進的な … 3.7点
④口あたり	・口当たりが硬い ・ツルツルした感触 ・3.5点	・プラスチックストローに近い口当たり ・接着樹のような味が少しする ・思っているより柔らかくなる ・口にひっつく ・口紙がストローに付く ・4.0点	・軽くて吸いやすい ・吸い口が細い為、先を除けば、プラスチックストローに近い口当たり ・軽く噛むと割れてしまう ・3.7点	・粉っぽい ・口にひっつく ・唇がパサッとする ・見た目よりも柔らかい口当たり ・2.0点	・舌触りがよく飲みやすい ・少しザラつく感触 ・4.0点
嗜好性の評価	・商品イメージは最も低い ・機能的には問題はないが、高品質なイメージはない	・人工的な（工業品の）イメージを抱いているようである ・口当たりには賛否あり	・不揃いな形やサイズが自然で個性的なイメージを高めている ・反面、衛生面に不安にもたれやすい	・商品イメージは最も高い ・口当たりにやや難あり	・香りや口当たりには、好みや分かがれるようである

し，原材料がもつ香りに対しては好みが分かれるようである。

(3)　耐水性と風味の変化

　ここでは，エコストローの耐久性のなかでも耐水性について，言い換えればプラストローに比べてどの程度「ふやけやすい」のか，ストローの種類（原料特性）による耐水性の違いを評価していく。また，エコストローは，原材料の特性から独特の香りを有しているが，それが飲み物の風味に影響を及ぼすのか否か，時間の経過によるドリンクの風味の変化を線尺度で記録していく。

　線尺度とは，自らの感覚や印象にもとづいて，数字をもたない線尺度上の好きな位置に属性ごとの強度をマークする手法をいう。線尺度の両端は，「強い／弱い」「好ましい／好ましくない」といった強弱の基準が用いられる。ここでは，比較的味の強弱が解りやすい（味の濃い）コーラとコーヒーを用いて，開始から3分，5分，10分経過にともなうドリンクの風味の変化を記録していく。調査項目は，①ストローの香り，②飲み物の香り，③飲み物の後味，④飲みやすさ（全体の印象）である。各評価項目の点数は，評価者3名の平均値を代表値とした。

　評価にあたっては，5種類のストローからそれぞれ3本ずつ取り上げ，ひとり1本ずつ耐水性と風味の変化を記録していく。パネリストの人数分を用意した透明なカップに，コーラやコーヒー，紅茶などのドリンクを入れ，それを数回に分けて飲みながら，時間の経過にともなうストローの変化と，ドリンクの風味の変化を記録する。

　ストローでドリンクをかき混ぜては，指先でストローを軽くつまんだり回転させたりするという日常的な使用方法を想定しながら，以下の作業手順で進めていった。

写真 10 - 2　作業の様子

〈作業手順〉

①透明なカップ（約350ml×15個）に約250mlのコーラ（２回目はコーヒー）と氷を入れる（氷はどのカップにもほぼ同量入れる）

②ストローでドリンクを10回軽くかき混ぜ，２口ほど（約50-60ml）ドリンクを飲み，ストローの状態（折れや傷，空気漏れ，表面の変化など）を写真と文字で記録するとともに，開始時点でのドリンクの風味を記録しておく

③３分後，再びドリンクを10回軽くかき混ぜ，２口ほどドリンクを飲み，ストローの状態と，開始時からのドリンクの風味の変化を記録する

④５分後，再び10回軽くかき混ぜ，２口ほどドリンクを飲み，ストローの状態とドリンクの風味の変化を記録する

⑤10分後，さらに10回軽くかき混ぜ，２口ほどドリンクを飲み，ストローの状態とドリンクの風味の変化を記録する。10分間で４回に分けて少しずつ飲み，カップの1/3程度（100-120ml）ドリンクが残るようにする

⑥ドリンクにストローをさしたまま，②の開始時から20分経過後の状態を記録する

⑦ストローをさしたまま，30分経過後の状態を記録する

⑧ストローをさしたまま，45分経過後の状態を記録する

⑨60分経過後の状態を記録する

これは，カフェなどで世間話に夢中になって１時間が経過すると想定した作業である。

表 10-3　耐水性と風味の評価結果（1）コーラ

エコストローの官能検査　　　　実施日：2020年11月18日
1. 耐久性と風味テスト　　　　　実施者：専修大学商学部神原ゼミ3年生15名
1-2. 耐水性と風味
コーラと各種ストローとの組み合わせ

	紙×コーラ		草（レピロニア）×コーラ	
	ストローの状態	飲み物の風味の変化	ストローの状態	飲み物の風味の変化
開始時	• ストローは硬くて飲みやすい • 香りは感じない • 先の部分から，うっすらとコーラの茶色が染みてくる	①ストローの香り 　強い -------+--● 弱い 　好ましい -----●---- 好ましくない ②飲み物の香り 　強い ●----+---- 弱い 　好ましい ●---+---- 好ましくない ③飲み物の後味 　強い ●----+---- 弱い 　好ましい ●---+---- 好ましくない ④飲みやすさ（全体の印象） 　好ましい ●---+---- 好ましくない	• 硬い状態 • ストローの素材の（梅のような）香りがする	①ストローの香り 　強い -----●-+---- 弱い 　好ましい ----●---- 好ましくない ②飲み物の香り 　強い ●----+---- 弱い 　好ましい ●---+---- 好ましくない ③飲み物の後味 　強い ●----+---- 弱い 　好ましい ×---+---- 好ましくない ④飲みやすさ（全体の印象） 　好ましい ●---+---- 好ましくない
5分後	• ストローの強度は変わらない • 全体的にやや柔らかくなった印象 • ストローの筋に沿ってコーラの薄茶色が広がっていく • 糊のような風味を感じるようになり，コーラの風味が弱くなってくる	①ストローの香り 　強い -------+---● 弱い 　好ましい ------●--- 好ましくない ②飲み物の香り 　強い -----●+---- 弱い 　好ましい --●-+---- 好ましくない ③飲み物の後味 　強い ●----+---- 弱い 　好ましい ●---+---- 好ましくない ④飲みやすさ（全体の印象） 　好ましい ●---+---- 好ましくない	• 少し柔らかくなる • 先の方にコーラの薄茶色が付く	①ストローの香り 　強い -------●+---- 弱い 　好ましい ---●-+---- 好ましくない ②飲み物の香り 　強い ●----+---- 弱い 　好ましい ●---+---- 好ましくない ③飲み物の後味 　強い ●----+---- 弱い 　好ましい ●---+---- 好ましくない ④飲みやすさ（全体の印象） 　好ましい ●---+---- 好ましくない
10分後	• 飲み口が柔らかくなってくる • ストローにコーラが染みて冷たくなる • コーラに浸っている部分はほぼ薄茶色になる • 糊のような風味の影響か，コーラの風味が滑らかにに感じる	①ストローの香り 　強い -------●+---- 弱い 　好ましい ---●-+---- 好ましくない ②飲み物の香り 　強い ●----+---- 弱い 　好ましい ●---+---- 好ましくない ③飲み物の後味 　強い ●----+---- 弱い 　好ましい -●--+---- 好ましくない ④飲みやすさ（全体の印象） 　好ましい ●---+---- 好ましくない	• かなり柔らかくなり，薄茶色が広がってくる	①ストローの香り 　強い ----●-+---- 弱い 　好ましい ---●-+---- 好ましくない ②飲み物の香り 　強い ●----+---- 弱い 　好ましい --●-+---- 好ましくない ③飲み物の後味 　強い ●----+---- 弱い 　好ましい ●---+---- 好ましくない ④飲みやすさ（全体の印象） 　好ましい ----●+---- 好ましくない
30分経過後	• 糊のような風味が強くなってくる • コーラに浸っていない上部にまで薄茶色が広がってくる		• ふにゃふにゃになる • ストローの香りが強くなってきた • 強めにつまむとヒビが入る	
60分経過後	• コーラを含んでぶよぶよになる • ストロー全体が薄茶色に染まっていく		• かなりふやけた状態になる • コーラに浸った部分が薄茶色になる	

表 10-4　耐水性と風味の評価結果（2）コーヒー

エコストローの官能検査　　　実施日：2020年11月25日
1. 耐久性と風味テスト　　　　実施者：専修大学商学部神原ゼミ3年生15名
1-2. 耐水性と風味
アイスコーヒーと各種ストローとの組み合わせ

	紙×コーヒー		草（レピロニア）×コーヒー	
	ストローの状態	飲み物の風味の変化	ストローの状態	飲み物の風味の変化
開始時	・ストローの先の部分（1/3程度）には、外側の紙の筋に沿ってコーヒーがうっすらと溜まっている ・香りは感じない	①ストローの香り 強い ------●--+---- 弱い 好ましい --●--+------ 好ましくない ②飲み物の香り 強い -●----+------ 弱い 好ましい ●-----+------ 好ましくない ③飲み物の後味 強い --●---+------ 弱い 好ましい --●---+------ 好ましくない ④飲みやすさ（全体の印象） 好ましい ---●--+------ 好ましくない	・つまんだ感覚は硬い印象 ・ほんのりとストローの素材（梅のような）香りがする	①ストローの香り 強い -------+--●--- 弱い 好ましい -----●+------ 好ましくない ②飲み物の香り 強い ------+-●---- 弱い 好ましい ----●-+------ 好ましくない ③飲み物の後味 強い ------+●----- 弱い 好ましい --●---+------ 好ましくない ④飲みやすさ（全体の印象） 好ましい -●----+------ 好ましくない
5分後	・全体的にやや柔らかくなった印象 ・ストローの筋に沿ってコーヒーの薄茶色が広がっていく ・コーヒーに浸かっている部分はかなり柔らかくなってくる ・糊のような味がして、コーヒーの後味が変わってくる	①ストローの香り 強い ------+-●---- 弱い 好ましい ---●--+------ 好ましくない ②飲み物の香り 強い -----+--●--- 弱い 好ましい ---●--+------ 好ましくない ③飲み物の後味 強い -----+--●--- 弱い 好ましい ----●-+------ 好ましくない ④飲みやすさ（全体の印象） 好ましい ----●-+------ 好ましくない	・少し柔らかくなる ・先の方にコーヒーの薄茶色が付く ・当初のストローの香りが弱くなる	①ストローの香り 強い -------+----●- 弱い 好ましい -----●+------ 好ましくない ②飲み物の香り 強い -------+●----- 弱い 好ましい ----●-+------ 好ましくない ③飲み物の後味 強い -------+●----- 弱い 好ましい --●---+------ 好ましくない ④飲みやすさ（全体の印象） 好ましい -●----+------ 好ましくない
10分後	・全体的に柔らかくなってくる ・コーヒーに浸かっている部分はほぼ薄茶色になる ・コーヒーに浸っていない部分も薄茶色に染みてくる	①ストローの香り 強い ------+-●---- 弱い 好ましい ---●--+------ 好ましくない ②飲み物の香り 強い -----+--●--- 弱い 好ましい ---●--+------ 好ましくない ③飲み物の後味 強い -----+--●--- 弱い 好ましい -●----+------ 好ましくない ④飲みやすさ（全体の印象） 好ましい -----+--●--- 好ましくない	・かなり柔らかくなる ・ストローの香りが弱くなる	①ストローの香り 強い -------+----●- 弱い 好ましい -----●+------ 好ましくない ②飲み物の香り 強い -------+●----- 弱い 好ましい ---●--+------ 好ましくない ③飲み物の後味 強い ------+●----- 弱い 好ましい -●----+------ 好ましくない ④飲みやすさ（全体の印象） 好ましい --●---+------ 好ましくない
30分経過後	・ストロー全体にコーヒーが染みて茶色の縞模様になる ・糊のような風味が強くなってくる ・ストローを軽くつまんで回転させたら、つまんだ部分にしわができた		・ふにゃふにゃに柔らかくなる ・ストローの香りが強くなってきた ・強めにつまむとヒビが入る	
60分経過後	・ストローは薄茶色の縞模様から全体が薄茶色に変わっていく ・かき混ぜただけでストローが少し曲がった ・ストローの先は半透明になる		・かなりふやけた状態になる ・コーヒーに浸った部分が薄茶色になる ・コーヒーが木のような風味になる	

〈評価結果〉

　ストロー5種類の耐水性と風味に関する評価のうち，顕著な変化がみられた結果は，**表10-3**，**表10-4**のとおりである。ストローによっては，その素材特性から，時間の経過とともにドリンクの風味にある程度の影響を及ぼすものがある。これが，各ストローへの嗜好にも影響を及ぼすと考えられる。

　紙ストローは，素材特性や製造特性などによって，時間の経過とともにストローが柔らかくなるとともに，変色する（ドリンクの色がストローに移る）ようである。また，原材料の性質や香りが飲み物の風味やテクスチャー（口当たり）にも影響を及ぼすようである。大麦ストローは，時間の経過とともに柔らかくはなるものの，形状や風味に関して影響を与えるほどの変化はないようである。竹材ストローは，原材料の香りは強いものの，ドリンクへの影響はほとんどなく，形状の変化もみられない。草ストローは，時間の経過とともにかなり柔らかくなるとともに，素材の香りが風味に影響を及ぼすようである。こうした点が，それぞれのストローへの消費者の「好み」となり，評価の個人差となって表れると考えられる。

(4)　評価結果のまとめ

　各ストローの評価結果をまとめると**表10-5**のようになる。エコストローでは，堅牢度や耐水性といった機能特性のみならず，嗜好性に関してもブランド間（商品間）で大きな差がみられる。どれも機能性と嗜好性がトレードオフになっており，すべての商品特性において平均的かそれ以上の評価を得ているものがない。つまり，エコストローは，長所と短所が表裏一体の商品であり，かつ「ブランド間の個体差（品質の差）」が非常に大きい商品といえる。こうした商品特性が，結果的には各ブランドへの評価の大きな差（嗜好差）になっていると考えられる。その点が，設計図にもとづいて規格化・画一化され，どのメーカーも基本的な機能については極端な差が生じない「工業品（家電品など）」との大きな違いである。

表 10-5 各ストローの評価結果

	プラスチック	紙	竹材	大麦	草
堅牢度	・強い	・通常の使用に十分耐えうる	・プラと同等の強度（柔軟性）	・飲用に差し支えないが、やや強度に劣る	・最も強度が弱く容易に折れる
嗜好性	機能性や清潔感のイメージが高い	・ナチュラルで清潔なイメージ ・接着糊の臭いや、口紅がストローに付く点は低評価	・全体的なイメージが最も高い ・口あたりは低評価 ・原材料の香りには賛否あり	・ナチュラル、個性的、あたたかみのあるイメージ ・手触りや口あたりも高評価 ・高級、高品質のイメージは乏しい	・ナチュラル、個性的、あたたかみのある、洗練されたイメージ ・手触りや口あたりも高評価 ・原材料の香りには賛否あり
耐水性と風味	・変化なし	・時間とともに柔らかくなり、ドリンクの色がストローに移る ・材質や香りが飲み物の風味やテクスチャーに影響	・原材料の香りは強いものの、ドリンクへの影響はほとんどなく、形状変化もなし	・時間とともに柔らかくなるものの、形状や風味に影響なし	・時間とともにかなり柔らかくなる ・素材の香りが風味に影響

3 まとめと考察

　本稿では，エコストローの商品評価という試験的・萌芽的な研究をとおして，多様な商品特性の評価方法について論じていった。

　本稿で提示した，①カテゴリー尺度法を用いた嗜好評価と，②線尺度を用いた風味の変化の測定を組み合わせた評価手法は，他の研究機関でも応用可能であることから，本研究の不備を補う形で経験的なデータが蓄積されていけば，エコストローに対する一般的な評価を確立できるだろうし，多様な商品特性を備えた他のエコグッズにも応用できるだろう。

　本研究では十分に触れる機会がなかったが，エコストローは，「ブランド間の個体差」だけでなく，「同一ブランド内での個体差」も大きな商品である。天然素材をほぼそのまま用いている大麦ストローや草ストローは，長さや太さが均一ではない「不揃いな商品」である。そのため，口当たりのよさや飲みや

すさやといった，商品の形状に由来する機能性にも「個体差」が生じ，それが少なからず嗜好性にも影響を及ぼすと考えられる。

　こうした商品特性こそが，家電などの工業品とは異なる，エコストローの個性であり独自性（長所でもあり短所でもある点）といえる。皮革製品においても，傷や色ムラといった「個体差」は存在するが，加工過程である程度の均質化が施されるし，その「個体差」こそが皮革製品の「魅力（一品モノとしての個性）」として評価されることもある。それが難しい天然素材のエコストローは，それぞれの「個体差（不揃いな品質）」を抱えたまま，商品として市場に提供される。したがって，工業品と同じ評価基準と手法を用いてエコストローを評価することはできないだろう。しかし，商品の機能性や嗜好性のみならず，「個体差」についても配慮した上でエコストローの商品評価を行うことは極めて難しく，評価結果の再現可能性（安定性）を十分に担保できない可能性もある。本研究では，こうした課題も明らかになった。

　エコストローを製造・販売する環境志向の企業は，「エコグッズのジレンマ」の解消とともに，「個体差による品質のバラツキ」という課題にも直面している。我々は，その現状を理解した上で，エコストローの多様な商品特性とそのバランスを評価する必要がある。そこが他の商品評価と大きく異なる点といえる。

　自然由来の商品特性（天然素材の長所や短所）をエコストローの「魅力的な個性」として評価できるかどうかは，消費者個々の判断に委ねられる。一長一短あるエコストローを否定し，プラストローのみを選択し続ければ，環境負荷は軽減されない。では，プラストローと同等かそれ以上の機能性と嗜好性を有したエコストローが登場するまで，悠長に待っている時間は我々に与えられているのだろうか。

　同様の課題は，程度の差こそあれ，自然由来の他のエコグッズにもあてはまるだろう。「市場性と社会性の両立」を目指すエコストローへの商品評価は，最終的にはエコグッズ全体に対する消費者の評価姿勢につながっており，商品の機能性や価格だけではない，環境保全のための「受容可能性」が問われてい

るのである。今までの便利さや快適さを維持したまま，環境保全型のライフスタイルが実現できるなら，それに越したことはないだろうが，現実はそうではない。商品の諸特性を評価する一方で，我々は，環境保全と引き替えに「何を我慢し，何を犠牲にするべきか」，エコグッズの「受容可能性」についても考える必要がある。それもまた，商品評価のひとつの分析視点である。

注

(1)　分析対象としたエコストローは以下の4商品。

　　①「紙ストロー」日本製紙株式会社　https://www.nipponpapergroup.com/products/mt_pdf/catalog_paperstraw.pdf（2023.08.12アクセス）

　　②「竹材ストロー」株式会社良品計画。竹の繊維と澱粉を原料にしたストロー　https://www.muji.com/jp/ja/store/cmdty/detail/4550344242735（2023.08.12アクセス）

　　③「草ストロー」合同会社HAYAMI。ベトナム産カヤツリグサ科のレピロニアの茎（植物の中空）をストローとして活用したもの　https://www.hayamigrassstraw.com/（2023.08.12アクセス）

　　④「大麦ストロー」株式会社ロータスコンセプト　https://www.youtube.com/watch?v=ULfL60G4qGU（2023.08.12アクセス）

(2)　商品評価にあたっては官能評価の手法を用いた。官能評価とは，人間の感覚機能（五感）を用いて，商品などの特性を一定の手法に則って評価する方法で，再現可能性の高い経験的データを収集することを目的としている。商品評価の実施日は，2020年11月18日，25日。15：00〜17：00。実施場所は，専修大学神田キャンパス10号館10061教室。パネリストは専修大学神原ゼミナールの3年生（当時）15名と，少数による商品評価であり，かつ統計的な検定を行っていないので，結果に偏りが生じる可能性は否めない。

参考文献

井上裕光（2012）『官能評価の理論と方法——現場で使う官能評価分析』日科技連出版社。

今村美穂（2012）「記述型の官能評価／製品開発における QDA 法の活用」『化学と生物』Vol. 50, No. 11, pp. 818-824。

神宮英夫，笠松千夏，國枝里美，和田有史編著（2016）『実践事例で学ぶ官能評価』日科技連出版社。

日本官能評価学会編（2009）『官能評価士テキスト』建帛社。

練習問題

- 「エコグッズのジレンマ」を抱えた商品には，どのようなジレンマが存在しており，企業はどのような解決策に取り組んでいるのか，具体的な事例を調べなさい。
- 「エコグッズのジレンマ」を抱えた商品が社会に普及するためには，消費者としてどのような生活姿勢をもたなければならないか，要件を5つ挙げなさい。

第11章

商品評価のための市場調査

　この章では，市場調査をとおして得られる様々な情報をもとに商品を評価し
ていく手法について論じていく。フェアトレード商品を例に挙げ，商品の諸
特性とともに，生産者や輸入・販売者の思い，商品を取り巻く社会・経済的
課題といった商品の背景についても評価し，一般的な課題や示唆を抽出して
いく。

　キーワード：商品の背景（コンテクスト）　フォトボイス　フェアトレード
　　　　　　　商品

1　はじめに

　我々が商品を購入・使用するとき，機能や性能といった商品特性だけを評価
しているのではなく，「誰が，いつ，どこで，どうやってつくり，どのような
思いが込められているのか」といった点や，エコグッズや地域の特産品などが
「どのような社会・経済的課題に貢献しているのか」といった，商品の背景
（コンテクスト）も評価しており，ときには，こうした背景こそが重要な購買動
機になることさえある。こうした現状を踏まえ，本章では，市場調査をとおし
て得られる様々な商品情報をもとに，商品特性とともに商品の背景も評価し，
そこから一般的な課題や示唆を抽出できる手法について論じていく。

　ここでは，一般的な商品に比べて，多様で複雑な社会・経済的課題を背景に
有しており，社会的なメッセージ性の高いフェアトレード商品をとおして議論
を進めていく。フェアトレードとは，途上国で生産される原料や製品を適正な
価格で継続的に購入することで，立場の弱い途上国の生産者の生活改善（生活

基盤の向上）と自立を目指す貿易の仕組みである。[(1)]この仕組みのもとで取引されているカカオやコーヒー豆，紅茶といった一次産品やその加工品を総称してフェアトレード商品という。

　フェアトレード商品には，途上国の生活改善に資することで，先進国と途上国との経済格差を是正するという役割（社会的使命）があり，生産者や輸入・販売業者による社会的なメッセージ性の強い商品であることから，一般的な商品に比べると，商品の背景を把握しやすい。また，同じフェアトレード商品でも，生産国や地域によって生活状況が異なるため，それぞれが多様で複雑な背景とメッセージ性を有している。そのため，フェアトレード商品の背景を評価することで，多様な課題や示唆を導き出すことができる。本稿で，フェアトレード商品を評価対象として選んだ理由は，こうした点にある。

2　フェアトレード商品の調査と評価

(1)　調査フォーマット

　調査にあたっては，表11-1に示す調査・評価項目を設定し，調査シートを作成した。①〜⑦までの項目は，商品のラベルやPOP，メーカーや輸入・販売業者のホームページ（HP）などをとおして確認することができる。⑧は，他の一般的な商品と比較したり，類似のフェアトレード商品とを比較したりしながら記入していく。⑨⑩では，商品特性だけでなく，商品の背景がどの程度影響しているかを自分なりに意識しながら記入していく。⑪〜⑬については，購入時に店舗スタッフに尋ねてみたり，メーカーや輸入・販売業者のHPや，関連するHPや資料なども調べながら記入していく。その際に得た情報をもとに，⑧の商品の魅力や，⑩の推薦理由を加筆修正しても構わない。⑬⑭は，様々な関連情報を収集しながら考察し，自分なりの見解を導き出していく。最初のうちは，表面的で通り一遍の記述になりがちだが，調査を何回も行っていくにつれて，より深い考察に至ることを想定している。

表 11 - 1　調査・評価項目

① 商品名
② メーカー，輸入・販売業者
③ 価格と量
④ 商品特性
⑤ 原材料
⑥ 生産地（国）
⑦ 生産者・製造者 　どんな人たちがつくっているのか
⑧ 商品の魅力 　デザイン，価格，品質（味や機能性），量などに関する満足度
⑨ その商品を購入した理由
⑩ その商品を周りの人に勧めたいと思うか 　勧める理由／勧めない理由
⑪ 目的 　何のためにその商品が生産・販売されているのか
⑫ 課題 　生産国ではどのような問題があるのか
⑬ 理想 　⑫の課題が解決するとどうなるのか
⑭ 障害 　⑪の目的達成や，⑫の課題解決のためには何が障害となっているのか

⑵　フェアトレード商品の評価

　2022年 5 月に行った筆者の 2 年ゼミ生（20名）によるフェアトレード商品の特性と背景の評価結果のうち，代表的なものを**表 11 - 2～表 11 - 4**に示した。[2]調査を行う前に，学生たちにはフェアトレード商品について90分（ 1 コマ）のレクチャーを行っている。ここで得た予備知識や興味・関心が，どの程度，調査シートに反映されているかが，もうひとつのポイントになる。事前レクチャーへの理解度が高ければ，より深い考察（商品評価）ができることになる。

　表 11 - 2 は，フェアトレード・チョコレートの評価結果である。⑨での「肌荒れへの効果（機能性）」や「ちょっといいチョコを食べてみたい（高品質）」，

表11-2　フェアトレードチョコの調査結果

①商品名	フェアトレードチョコレート　ダーク80%
②メーカー，輸入・販売業者	キングル製菓，キャラメル珈琲
③価格と量	185円，50g
④商品特性	ココアバターだけを使ったカカオ80%のチョコ
⑤原材料	カカオマス，砂糖，ココアバター／乳化剤，香料
⑥生産地（国）	ガーナ
⑦生産者・製造者	小規模農園，第三者認証を取得した生産者
⑧商品の魅力	・高級感のある茶色と紫のパッケージ。苦味の深いカカオの味。好きなカカオの濃度を選んで購入できる。 ・やや高めの価格だが，無理なく買える値段で，フェアトレードに貢献できるという点がいちばんの魅力。
⑨購入理由	・高カカオチョコにはポリフェノールが多く含まれているので，肌荒れへの効果を期待して購入。 ・以前から，「ちょっといいチョコレート」を食べてみたいと思っていたから。 ・祖父が板チョコをよく食べるので，この商品をきっかけに祖父とコミュニケーションを深めたい。
⑩周囲に勧める理由／勧めない理由	・自分の健康と，途上国の経済環境をよりよくしたいと思う人にはお勧めしたいが，お腹を満たすためだけの消費者にはお勧めしない。 ・児童労働や子供の教育について，チョコレートを介して受け止めることが大事。 ・私たちだけが幸せになるのではなく，生産者の支援をとおして，ともに幸福度を高めることができる。
⑪目的	・フェアトレード商品を多くの消費者に知ってもらい，買ってもらうことで，途上国の貧しい小規模農家を支援する。
⑫課題	・貧しい小規模農家が多く，子供も働かないといけない。子供の教育環境が整っていない。 ・フェアトレード認証された作物以外は栽培できなくなる可能性があるので，他の作物も生産できるようにする。
⑬理想（課題解決）	・市場価格に左右されず，安定した生産とフェアな貿易ができるようになり，途上国の人々は安定した暮らしができる。 ・生産国の天候不順や災害などで，単一の作物生産が滞っても，代わりの作物で収入を確保することができる。 ・肌荒れが治り，祖父とのコミュニケーションが深まることで，祖父の若い頃の話をいろいろ聞き，将来の支えにしたい。
⑭障害	・児童労働や人身売買がいまだに存在していること。政府や海外からの支援が行き届かないこと。 ・途上国の現状やフェアトレードに対する私たちの理解度に差があること。私たちもフェアトレードの存在を広めなければならない。 ・フェアトレード商品は価格が高いので，なかなか普及していかないため，商品のバリエーションが増えないだけでなく，生産者に十分な対価を支払えないなどの問題が起きてしまう可能性がある。

「チョコ好きの祖父とのコミュニケーション（話題性）」といった個人的な動機にもとづく購入理由は，一般的な商品と変わらない視点でフェアトレード商品を評価していることを伺わせる。

　特筆すべきは，⑫⑬で，「他の作物も生産できるようにする」といった，モノカルチャーへの依存を危惧している点にある。事前のレクチャーでは詳しく触れていない点にまで言及しており，生産国のおかれた状況にも配慮した商品評価になっている。また，⑭では，日本の消費者のなかでもフェアトレードへの理解度に差があることだけでなく，価格の高さがフェアトレード商品普及の障害となり，それが商品バリエーションの乏しさにも影響し，結果的には生産者に十分な対価が支払えないという指摘も，背景に対する深い考察となっている。

　表11-3は，フェアトレード紅茶に対する評価を記したものである。ここでは，「おしゃれ」という言葉がキーワードになっており，⑩における「おしゃれなパッケージを部屋に置くと映える（インスタ映えする）」「『パケ買い（パッケージを気に入って購入）』したくなる商品」といった記述からは，パッケージのデザイン性が重要な購買動機になっているようである。⑧の「お得感」「自分へのご褒美」という記述も，表11-2と同様に，一般的な商品と同じ視点でフェアトレード商品を評価していることがわかる。但し，「おしゃれ」という「デザイン性」と「環境（途上国支援）」を両立できる商品であることが，本人にとってのフェアトレード商品の魅力，即ち重要な評価ポイントとなっているようである。また，商品の国際的な競争力や認証制度の課題とともに，メディアや企業の果たすべき役割についても触れている点は，様々な背景要因への理解度（評価姿勢）を示している。

　表11-4は，フェアトレード・バナナに対する評価結果である。⑩に記された「ご褒美的な感覚」は，表11-2・表11-3の学生と共通する購買動機といえる。⑧の「外出先でも手軽に食べられる」という記述を加味すると，「おいしさ」「手軽さ（利便性）」「オーガニック」「途上国支援」というのが，本人にとっての魅力になっているようである。また，事前のレクチャー後にフェアト

表11-3　フェアトレード紅茶の調査結果

①商品名	オーガニックフェアトレードティー　イングリッシュブレックファスト
②メーカー，輸入・販売業者	トリッパー，鈴山商事，岡島屋百貨店
③価格と量	￥798（税込￥861）。内容量：44g（ティーバッグ20個）。
④商品特性	・有機アッサムと有機セイロンをブレンド。無漂白ティーバッグを使用。 ・2019年にGreat Taste Award受賞。1994年に英国で初のフェアトレード認証を受ける。
⑤原材料	有機紅茶
⑥生産地（国）	インド，スリランカ，アフリカ
⑦産者・製造者	インド，スリランカ，アフリカの生産農家
⑧商品の魅力	・環境に配慮したおしゃれなパッケージ。 ・年齢や季節を問わず，また普段は紅茶を飲まない人もストレートやミルクティーで楽しめる。 ・20パック入りはお得感がある。少々高く感じるが，自分へのご褒美として買いたくなる。 ・ライフスタイルショップやセレクトショップなどでも取り扱われている。
⑨購入理由	・おしゃれなパッケージに惹かれたため。 ・フェアトレード紅茶に興味をもったため。 ・地球に優しい買い物ができることに魅力を感じたため。
⑩周囲に勧める理由／勧めない理由	・おしゃれなパッケージを部屋に置くと映える。 ・アッサムティーやセイロンティーは身体に良い効果があると言われている。 ・「パケ買い」したくなる商品で，地球にも優しいので価値がある。
⑪目的	・地球環境に負荷をかけない。 ・適正な賃金の支払いや労働環境の整備などによって，生産者とその家族の生活水準を向上させる。 ・貧困のない公正な社会をつくるため。途上国と先進国とが対等な貿易を行うため。
⑫課題	・途上国では地方の農家の貧困化が進んでいる。農薬による環境汚染や，生産者の健康被害も起きている。 ・私たちが安い価格で商品を手にする代わりに，生産国では正当な賃金が支払われない。
⑬理想（課題解決）	・生産量の安定化や品質の向上によって農家の所得増加と生活水準の向上。 ・児童労働や強制労働の減少，子供が教育を受ける時間が増加する。 ・環境汚染の減少。
⑭障害	・気候変動。 ・国際競争力が弱いと安価で買い取られ，生産者に適切な収入が得られない。 ・フェアトレード認証が厳しい。認証の手数料や公平な報酬を払うことで，価格が高くなってしまう。 ・メディア報道の偏りや，企業のプロモーションで終わってしまう。

表 11-4　フェアトレード・バナナの調査結果

①商品名	田村農園のバナナ
②メーカー，輸入・販売業者	エクアドルの田村農園，CNA フーズ，リーソン
③価格と量	税込127円／1本
④商品特性	高価格のオーガニックバナナ。 スーパーでは1房（4～5本）190～400円なので高級志向の商品。
⑤原材料	バナナ
⑥生産地（国）	エクアドル
⑦生産者・製造者	田村さんの経営するバナナ農園。現地の約600人を雇用。
⑧商品の魅力	・化学肥料不使用を全面に押し出している。 ・サッパリしていながらほのかな甘みを感じる。 ・1本ずつバラ売りなので，外出先でも手軽に食べられる。 ・日本人の経営する農園への親近感や，有機栽培への安心感がある。 ・国際認証「GLOBAL G.A.P」「RAINFOREST ALLIANCE」を取得している。
⑨購入理由	・授業でバナナ農園の実情を知って興味をもった。 ・その後，「フェアトレード・バナナ」をネットで調べて田村農園を知り購入した。
⑩周囲に勧める理由／勧めない理由	・手軽に1本だけ食べたいときにちょうどいいと感じたから。おいしくて，栄養を摂ることができる。 ・安いバナナと差別化して，ご褒美的な感覚で買って欲しい。
⑪目的	・自然環境を保持しつつ，質の高いバナナを消費者に届けるため。 ・エクアドルの人たちが安全・安心に働ける環境を作るため。
⑫課題	・田村農園は，有機栽培で，社員のバス送迎や社員食堂など環境整備されているが，他の農場では，低賃金で，農薬散布による健康被害，児童労働などがまだ多くある。
⑬理想（課題解決）	・低賃金が解消されると，店頭に並ぶバナナの値段が上がる。 ・労働者が，立場の強い雇い主に意見を言えるような仕組みができる。 ・農薬による被害や児童労働が減り，労働者が安心・安全に働けるようになる。
⑭障害	・すべての農園が田村農園のような労働環境を整えることは難しい。 ・バナナの値段が上がると売れなくなってしまう可能性がある。 ・バナナ農園の収入だけに依存していると，クビを恐れて雇い主に意見が言いづらい。 ・農薬の使用をやめると生産効率が下がる可能性がある。

レード・バナナの実態を調べ，そこで見つけた農園の商品を購入した上でバナナ農園の様々な課題を指摘している点は，「アクティブラーニング（能動的な学修）」の好例といえる。

⑶　一般的な示唆の導出

　これらの評価結果を踏まえると，以下の示唆を導き出すことができる。

　フェアトレード商品の購買時においては，学生たちは一般の商品と同様の視点で評価しており，「フェアトレード商品だから」という社会的な背景やメッセージ性は，最優先される購買動機にはなっていないようである。むしろ，「肌への効果（機能性）」「ちょっといいもの（高品質）」「おしゃれなパッケージ（デザイン性）」といった品質の高さに注目し，そこに「お得感」や「利便性」「話題性」などを見出しながら，自分への「ご褒美」として購入している。そこには，「コスト・パフォーマンス（効用／費用）」，あるいは「品質と価格とのバランス」を意識した合理的な購買行動がみられる。その上で，環境保全や途上国支援に貢献できるという商品の社会性を評価しているのが，共通した傾向といえる。

　調査・評価項目の⑫⑬では，様々な課題や障害が記されており，これらの点をさらに調査し，解決策の検討を進めていくことができる。なかでも，「フェアトレードへの理解度に差がある」という点は，どう解決すべきか，フェアトレード自体のあり方も含めて，様々な議論を進めることができる。また，こうした商品評価の傾向は，地域の特産品や伝統工芸品，他の一般的な商品にもあてはまるのか否か，様々な商品をとおして調査・検証していくこともできる。

3　フォトボイスによる調査と評価

⑴　フォトボイス商品評価

　フォトボイス（Photo Voice）とは，社会的課題に直面する当事者の声を写真をとおして社会に訴え，問題解決のためのアクションを促す参加型アクション

リサーチをいう。地域活性化や人種問題など，特定の社会的・地域的課題に直面する当事者に調査に参加してもらい，当該課題に関する写真を彼ら自身が撮影し，それに対する自身の「語り（コメント）」を付与することで，ひとつの作品をつくっていく。この作業をとおして，対象となる課題への認識や洞察を深めるとともに，それらを他の市民や行政などの関係者とも共有することで，現状への理解を深め，改善を図る参加型手法である。

　この手法を商品評価に応用したのが，以下に示す「フォトボイス商品評価」である。社会・経済的課題の解決に取り組むビジネス（商品など）を学生たちがスマホで撮影し，そこに自身の「語り」を付与する。この作業をとおして，当該ビジネスへの認識や洞察を深めていく。各自の作品（写真と語り）は，学生同士で共有し，互いの作品に対する意見や感想を交換しながら，それぞれの興味や関心，問題意識を共有していく。これによって，現状への理解を深めるとともに，改善策を検討するという参加型手法とした。調査フォーマットは，**表11-5**のとおりである。

表11-5　フォトボイス調査フォーマット

写　真	①タイトル
	②撮影日時と場所
	③状況：何をしているときに撮ったか
	④何を撮ろうとしたか
	⑤写真をとおして感じたこと・気づいたこと

⑵　フォトボイスの結果

　2022年の5月，筆者の3・4年ゼミ生（30名）に，それぞれ5枚のフォトボイス商品評価（PV）を行ってもらった。そのうち，代表的なものを**表11-6〜表11-12**に示した。

⑶　一般的な傾向や示唆の導出

　計150枚のフォトボイス商品評価を整理した結果，前述の「2 フェアトレー

表11-6　フェアトレード・チョコの PV

| ①コンビニにも |
| ②2022年5月14日，16時頃，タブンイレビン |
| ③お菓子を買っているとき |
| ④すごく身近なところにもフェアトレード商品があること |
| ⑤コンビニなら誰でも気軽に購入できるし，価格も安い |

表11-7　フェアトレード紅茶の PV

| ①フェアトレード紅茶と，一般の紅茶と飲み比べ！ |
| ②2022年5月15日13時頃，自宅で |
| ③家族で紅茶の飲み比べをしているとき |
| ④身近にフェアトレード紅茶がいろいろあることの驚きと，美味しいこと |
| ⑤フェアトレード商品の割には安いと感じた。味も香りも深くて美味しかった！ |

表11-8　ネットショッピングの PV

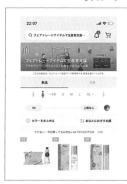

| ①生産者支援が当たり前になればいいのに |
| ②2022年5月13日，22時頃，ベッドで横になりながら |
| ③NONO TOWN でネットショッピングをしていたとき |
| ④「フェアトレードアイテムで生産者支援」というサイト |
| ⑤生産者を支援しようと思い，購入する顧客は，どれくらいいるのだろうか |

表 11 - 9　紙ストローの PV

	①やっぱり使いづらい
	②2022年 5 月14日17時頃，自宅で
	③テイクアウトしたドリンクを部屋で飲んでいるとき
	④飲んでいるうちに紙ストローがしなしなにふやけて，ドリンクがマズくなってくる
	⑤プラスチックよりもエコだが，機能性に欠けていて，代替品になりえない気がする。環境に配慮するなら，ストローとカップを逆にした方がいいんじゃないの？

表 11 - 10　レシートの PV

	①大量のレシート
	②2022年 5 月18日，20時頃，自宅で
	③自宅でレシートの整理をしていたとき
	④大量のレシートによるゴミの発生
	⑤紙の浪費をなくすために，電子化してもいいのではないか

表 11 - 11　アップサイクル商品の PV

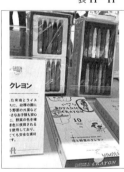

	①廃棄野菜を減らすクレヨン！
	②2022年 5 月 7 日18時頃，銀座レフト
	③サスティナブルをコンセプトにした商品展示ブースで
	④米ぬかや廃棄野菜を原料にしたクレヨンを見つけたこと
	⑤廃棄野菜の削減だけでなく，食品ロス問題を周知するきっかけになると考えた

表11-12　プラごみ問題に対する PV

①人間はプラスチックを食べている
②2022年5月3日15時頃，自宅で
③親戚の赤ちゃんがプラスチックケースを口に入れているとき
④プラごみ問題。我々は毎日少しずつ，マイクロプラスチックを食べていること
⑤どれだけエコ活動を進めても，プラスチック製品はまだ世の中に多くて，プラゴミはなかなか減らないという事実

ド商品の調査と評価」と同様に，学生たちは商品の品質（風味や機能性）を第一に評価しており，商品の社会性は二次的な評価要因となっていることが明らかになった。フェアトレード商品は，総じて価格が高いことから，学生にとっては割安感を感じられる商品への評価が高い。他方，**表11-8**のように，生産者支援を目的とした商品購入がまだ普及していない現状への憂いを表すものもある。**表11-10**，**表11-12**のように，ごみ問題に関する PV も多くみられた。

　こうした傾向とともに，学生たちのデータ収集に3パターンあることが明らかになった。

①テーマ設定型

　これは，事前に撮影するテーマ（トピック）を設定し，それに関する対象を撮影するタイプで，これには2パターンある。①フェアトレード商品やオーガニック商品に焦点を絞り，コーヒー，紅茶，チョコ，ジャム，バナナなどの諸特性を評価する PV。②プラスチック製品に絞り，ストロー，スプーン，傘，プラ容器・包装などの諸特性とごみ問題について評価する PV である。これらの PV では，一連の商品の傾向や特徴，個々の商品特性（品質，産地，味，価格，ラベル，パッケージ），プロモーション方法などに対する気づき（Findings）が記されている。

②課題発見型

　これは，身近な商品や出来事を気づいたままに撮影していき，そこから課題

や矛盾に気づくタイプで，これには5パターンある。①エコグッズやフェアトレード商品などを使いながら，機能性や使い勝手の良否に気づくPV。②リサイクル，下取り，エコバッグ持参，マイボトル持参といった企業の取り組みを評価するPV。③飲食店の廃棄ロス，過剰包装，不要なレシートなど，資源の浪費（もったいない）を指摘するPV。④街中や河原，海岸のごみ，ポイ捨て，ごみの不分別などを取り上げたPV。⑤フェアトレードの認証マーク，SDGsを訴求する電車のラッピングやカラオケソングなどのソーシャル・プロモーションを取り上げたPVである。これらのPVでは，自身が調査した事象をとおして感じる「現状への憂い（このままでいいのか）」が記述されている。

③体験型

　これは，商品やサービスの実体験を撮影し，感想を記述していくタイプで，これには2パターンある。①フェアトレード商品の食べ比べ，ウォーターサーバーやマイボトルの使用など，商品の使用体験を記したPV。②水族館，職業体験施設，伝統工芸の体験施設などでの体験（イベント）をとおして，自身が得た学びや気づき，体験型学習の仕組みなどを記録したPVである。

注
(1)　フェアトレードの現状と課題については，以下を参照されたい。特定非営利活動法人フェアトレード・ラベル・ジャパン　https://www.fairtrade-jp.org（2023.08.16アクセス）
(2)　企業名や商品名などについては，知的所有権に配慮して一部を変えている。

練習問題
・表11-1の調査・評価項目を利用して，身近で販売されているフェアトレード商品を評価しなさい。また，地域特産品やこだわりの逸品など，生産者のメッセージ性が強い商品を取り上げ，同様に評価した場合，どのような違いが見られるか示しなさい。
・表11-5のフォトボイス調査フォーマットを用いて，身近なエコグッズのフォトボイスを10個作成し，その傾向と特徴を整理しなさい。

終　章
新たな商品研究に向けて

社会（市場経済）は，様々な商品と人（組織）から成り立っており，それぞ
れの相互作用によって，人々の生活も商品のあり方も，社会全体のあり方も
変わる。編み目のようにつながっている商品と社会との関係（商品を介した
人と人との関係）を丁寧に辿っていくことは，当たり前の日常を見直す機会
になる。自明が自明ではなくなるとき，新たな「気づき（知）」が生まれる。
それが商品研究をより豊かなものにするだろう。

キーワード：商品と社会との関係性　学習を強いられる社会　豊かさ　相互
　　　　　　　監視社会

1　商品と社会との関係性

　「序章　商品とは何か」で述べたように，現代は，「商品の学習を強いられる
社会」である。技術革新の早さによって，我々は常に商品（技術）の使い方を
学習しなければならない。それは，家電品やデジタルツール，ネットショッピ
ングやキャシュレス決済などに限ったことではない。食品業界では，新素材や
製法の開発によって，様々な保健機能食品が販売されており，消費者はそれら
の機能性（効果・効能）を学習しながら，健康的な生活を営もうとしている。
外食業界や小売業界では，日々，新しい食べ方や売り方（楽しみ方）が提案さ
れており，消費者は意識的・無意識的にそれらを学習しながら消費している。
加えて，スマートフォンの利用マナー，ネットリテラシー，新モビリティの利
用ルールなど，商品の使用にともなう「ルールの学習」も必要になっている。
技術革新がさほど早くなかった時代に比べれば，こうした生活環境は，以前と

天と地ほどの差がある。

　移り変わりの激しい現代社会において，数年前の商品知識は時代遅れになりかねない。技術革新の早さに追従できるだけの商品テストにも限界がある。だからといって，商品研究の役割が終わった訳ではない。商品なしには生活できない我々にとって，商品の意義や役割を問い続けることにこそ，商品研究の普遍性がある。

　「商品は，日々の生活においてどのような役割を果たしているのか」という問いは，序章で述べた「豊かさの矛盾と不均衡」に行き着く。商品は，便利さや快適さをもたらす一方で，不平等も生んでおり，こうした社会・経済的構図における商品の役割にも目を向ける必要がある。「商品をとおしてどのような生活を営むべきか」という倫理的な問いは，環境問題（環境倫理）に通底する問いであり，商品をとおしたライフスタイル（生活の仕方）を見直す問いでもある。こうした視点は，「商品と社会との関係性を問う」アプローチといえる。

　我々の身の回りは，様々な商品であふれている。スーパーには，世界中から集められた新鮮な食品が並び，衣料品店には多種多様な服が並んでいる。家電品，生活雑貨など，どの商品も同様である。これらの商品は，原材料である天然資源を育んでいる自然環境をはじめ，原材料（農林水産物やエネルギー資源）の生産者，製造・加工業者（メーカー），流通業者（卸・小売業者），リサイクル業者，消費者（ユーザー）同士や消費者と社会など，様々な関係性のなかで生産・消費されている。つまり我々は，豊富で多種多様な商品をとおして，様々な人たちとの「つながり（社会・経済的関係）」を維持・形成している。

　こうした「商品と社会との関係」，言い換えれば，「商品をとおして見える，様々な人と人とのつながり」をひとつひとつ辿っていくことで，そこで生じている様々な商品問題と，その全体像（関係構図）を把握することができる。

2　関係性をとおした商品研究

　上記の点を踏まえ，ここでは，市場経済を構成する各要素の影響関係を考慮

に入れながら，商品と社会とのつながりを把握し，その全体的な効果や影響を
考察していく。⁽¹⁾具体的には，「10章　エコグッズの評価手法」で取り上げたエコ
ストローをとおして，社会との関係性をとおした商品研究のアプローチについ
て考察していく。

(1)　ストローとは

　現在では，ストローといえばプラスチック製のストローという認識が一般的
だが，元来は，麦わら（茎）をカットしたものがストローである。Straw を英
和辞典で調べると，「わら，麦わら，ストロー，無価値なもの，つまらないも
の」という訳が示される。⁽²⁾例文として，A drowning man will catch at a
straw（溺れる者はわらをもつかむ），I don't care a straw（私は少しも気にしてい
ない），a straw in the wind（風向き，世論の動向を示すもの），A straw will
show which way the wind blows（一葉落ちて天下の秋を知る，わずかな兆候で全
体の風潮が解ること），The last straw breaks the camel's back（たとえわずかで
も，限度を越せば取り返しのつかないことになる）といった文章が示される。

　この定義にならえば，ストローとは，価値のない，取るに足りないものかも
知れないが，物事を予見し，限度を知る役割を果たしている。では，取るに足
りない1本のストローから，私たちは何を予見し，物事の限度を知ることがで
きるだろうか。こうした疑問を抱くことこそが，ストローという商品と社会と
の関係を考える契機となる。

(2)　エコストローの背景

　本来，ストローであった麦わらは，プラスチック製ストローの台頭によって
市場から姿を消した。それが近年では，プラストローの代替商品として注目さ
れるようになった。主たる要因は，プラごみによる海洋汚染への危機感が高
まってきたことにある。既存の海洋ゴミは約1億5,000万トンあり，約800万ト
ン／年（ジャンボジェット5万機相当）が海に流入しているとされている。⁽³⁾なか
でも，飲料や食品をとおして体内に取り込まれるマイクロプラスチック（マイ

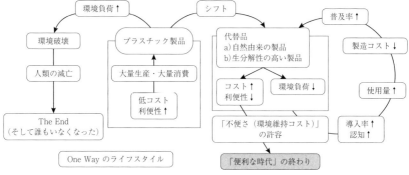

図終-1　プラスチック製品と代替品の循環図

環境負荷↑

シフト

普及率↑

環境破壊

プラスチック製品

代替品
a)自然由来の製品
b)生分解性の高い製品

製造コスト↓

人類の滅亡

大量生産・大量消費

コスト↑
利便性↓

環境負荷↓

使用量↑

低コスト
利便性↑

The End
(そして誰もいなくなった)

「不便さ（環境維持コスト）」
の許容

導入率↑
認知↑

One Way のライフスタイル

「便利な時代」の終わり

(出所) 筆者作成

クロビーズ) の累積量は, 1 週間でプラスチックカード約 1 枚, ペン約 1 本 (5g), 1 ヵ月でハンガー約 1 本 (20g), 1 年間で約2.5kgとなり, 10年間でヘルメット約 1 個 (250g) 分に相当するとされている[4]。

　低コストで利便性が高く, 大量生産・大量消費に適しているとされていたプラスチック製品は, 回収不可能で環境負荷の高い商品であることから, これらを使い続ければ, いずれは持続不可能な社会へと至ることになる。そこで, 自然由来か生分解性の高い代替品へとシフトすることで, 環境負荷を抑えながら持続可能な社会へと近づくことができる。しかし, 現在では, こうした代替品の製造コストは高く, プラストローよりも利便性が高いとは必ずしもいえない。現時点では, こうした環境維持コストを許容できるか否か, プラスチック製品を使い捨てていた「便利な時代」の終わりを受け止められるかどうかという岐路に立たされている。プラスチック製品と代替品との関係は, 図終-1のように示すことができる。

(3) 大麦ストローをめぐる関係性

　ここでは, 大麦ストローの生産から消費に至るおもなステイクホルダー（利害関係者）をピックアップし, その影響関係を整理していく。具体的には, 誰が, どこで, どのような背景のもと, どのようにして大麦ストローを生産・販

売しており，誰がどこでそれを購入・消費しているのかを調べると同時に，他の関係者も含めた影響関係を整理する。同様に，競合する他のエコストローの状況も把握していく。

　以下では，石川県で生産・販売されている大麦ストローを例に挙げる。このストローは，小松市の大麦生産農家が収穫した大麦の茎をアップサイクル（Upcycle）したものである。アップサイクルとは，これまで廃棄されていたものを加工し，新たな価値が付加された別の商品として上市することをいう。規格外の野菜を活用した菓子やパン，染料やクレヨンのほか，廃タイヤを加工したバッグやサンダル，コーヒーかすを利用した肥料などがその例となる。

　収穫された大麦は，ビールを生産するために食品メーカーに出荷され，廃棄されていた茎（余剰）は，地域のボランティアによって回収され，ビニールハウスでの乾燥後，市内の社会福祉法人（就労継続支援事業所）でストローへと加工され，商品化される。加工段階では，茎の節と節の間の筒状になった部分をハサミで切り取り，煮沸消毒の後，乾燥させ，割れや傷のないものだけをピックアップ（検品）してパッケージに封入する。ここまで，すべてが手作業のため，1 箱（27本入）800円（税別，2021年時点）になる。商品化された大麦ストローは，おもに石川県内のホテルやカフェ，道の駅で販売される。

　この事業は，日本財団が推進する「海と日本 PROJECT in 石川」[5]の一環として，同プロジェクトや石川テレビのホームページ[6]をとおして消費者に情報発信されている。これによって，大麦ストローや海洋ゴミに対する消費者の認知度と環境志向が高まれば，プラごみの排出量は減少し，時間をかけながらも海の豊かさと陸の豊かさへとつながり，実りある大麦の生産へと至る。

　この他，紙ストローは，製紙会社で製造され外食店を中心に使用されている。[7]竹と澱粉を原料にした竹材ストローは，製造小売業による自社ブランド商品として，全国の店舗で販売されている。[8]草ストローは，ベトナムで生産され，輸入販売業者によって国内の外食店で利用されている。[9]他にも，竹製のストローや陶磁器製のストローなどが各地で製造・販売されている。[10]以上の関係を図示したのが，**図終-2** である。

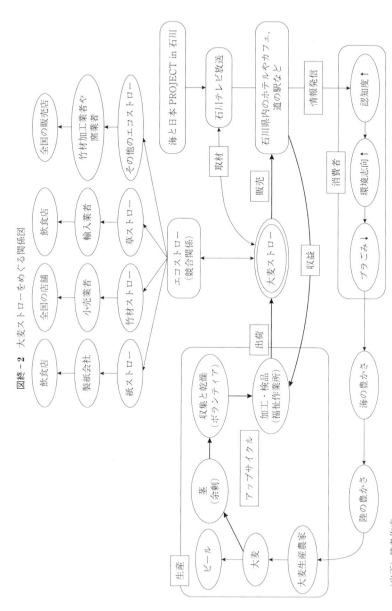

図終 - 2 大麦ストローをめぐる関係図

(出所) 筆者作成

194

大麦ストローの普及を進めていく上では，上記の関係図をもとに，大麦ストローの生産から消費に至る流通プロセスのなかの，どこがボトルネック（問題点）になっており，誰がどのような課題に直面しているのかを明らかにし，問題解決を図っていく必要がある。この場合，加工段階でのコスト，販売ルートの確保，消費者への情報発信（プロモーション）といった点が課題として挙げられる。

(4)　大麦ストローの商品分析

これについては，第10章で示したとおりである。官能検査などを用いて大麦ストローの品質特性（耐久性や使い勝手のよさ）や，嗜好特性（好ましさ）などを評価していく。同時に，プラスチック，紙，竹，草といった他のエコストローについても，比較分析を行っていく。

(5)　エコストローの課題

最後に，(1)〜(4)を踏まえて，大麦ストローを含むエコストローの全体的な課題を整理する。エコストローは，環境負荷の低い「エコグッズ」と称されているものの，総じて高コストで，利便性は必ずしも高いとはいえない。大麦ストローは，地域ボランティアと福祉制度に依存しても，販売価格はなお高い。紙ストローは，工業品としての利便性を有する反面，使い勝手の悪さが否めない。草ストローには，海外からの輸送コスト（フードマイレージ）をかける意義が不明瞭である。

エコストローの各社は，環境コストが高くて不便という商品特性を考慮しても，プラストローを上回るだけの社会・経済的効果（影響）があることを示しながら，社会的な支持を得ていく必要がある。逆に言えば，エコストローの普及は，環境コストを含めた「不便さ」を社会が許容できるか否かにかかっている。さもなければ，法的規制によってプラストロー類の使用を禁止するという強制的な手法を選ぶことになるかも知れない。

そう考えると，果たして１本のストローは，本当に人々の意識や行動を変え，

世の中を変えうるのだろうか，という最初の疑問に戻ることになる。エコストローに取り組む人たちのなかには，「誰も知らないし，興味ももってくれない」とか，「『いいコトやってるね』とは言ってくれるけど，買ってくれない」と嘆く人がいたりする。「小さな一歩でも，誰かが踏み出さなければ何も変わらない」という人もいるが，小さな一歩は，その後に数多くの一歩が続かなければ大きな進展にはならない。

　エコストローは，社会に受容され，関係性の網の目に入り込んでいく前の大きな壁に直面している。その原因は，上記の商品特性や消費者の嗜好，企業のマーケティング戦略といった側面のみならず，そもそも我々は，石油エネルギーに依存したライフスタイルを変えられないという点にもある。このとき，①個々の商品特性の優劣や良否を論じる次元とは別に，②商品を取り巻く様々な企業や消費者，行政との関係性を把握する次元，さらに，それらの外側にある③社会システム（社会・経済構造）の枠組みをとおしてとらえることで，各次元における商品の位置づけと課題が明らかになる。①商品レベル，②関係レベル，③社会システムという商品研究における３つの次元の関係は，図終-３にように示すことができる。本章で示した図終-１から図終-３を応用していけば，より俯瞰的な商品研究が可能になるだろう。

図終-3　商品研究における３つの次元

（出所）筆者作成

3 「豊かさ」の根源

我々がプラスチック製品を使い捨てできるのも，エコストローなどの代替製品を利用できるのも，すべては豊富な資源の存在，即ち「豊かさの恩恵」がもたらされているからである。同様に，様々な商品と社会との様々な関係を遡っていくと，豊富な資源と，その根源である森に辿り着く。森は，様々な豊かさ（農林物資や鉱物・エネルギー資源）をもたらすとともに，水源として，川や海の豊かさ（水産物や海洋資源）をももたらすことで，我々の生活（経済活動）を支えている。食品も衣類も，家電品も，すべての商品は森がもたらす「豊かさ（豊富な資源）」からつくられている。何より，森が二酸化炭素を吸収し，酸素を排出することで，生命が維持されている。したがって，森はあらゆる生活資源の供給源であり，命を育むための根源的存在といえる。こうした森と社会との関係を示したのが**図終-4**である。

我々の生活は，自国の森だけでなく，世界中の森がもたらす「豊かさの恩恵」に預かっている。しかし，豊かな森は，どの国にも万遍なく存在している訳ではない。豊かな森の偏在は資源の偏在であり，ときに格差の要因となる。自国内でも同様に，資源の偏在は格差の要因となる。森が少ない都市は，資源の豊富な地方に依存しなければ維持できない。都市と地方の経済格差が注目されることが多いが，資源の格差という点では，都市は脆弱な存在である。

豊かな森を有する世界中の国や地域から集められた資源は，野菜や果物のように，そのまま食品として利用されるだけでなく，加工食品や衣料品，家電品や自動車といった工業品へと加工される。このとき，工業（製造業）は，原材料となる農林水産物資がなければ成り立たないと同時に，農林水産業は，農機具や漁業機具がなければ成り立たないことから，両者は相互依存関係にある。電気やガスといったエネルギー産業は，石油や石炭などの地下資源（再生不可能なエネルギー）とともに，太陽光や風力，地熱といった資源（再生可能なエネルギー）を活用することで，我々の生活基盤を支えている。

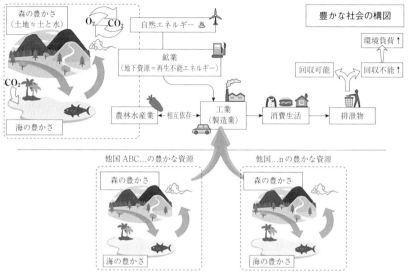

図終 - 4　森と社会との関係

(出所) 筆者作成

　これらの資源が豊富に提供されることで，豊かな消費生活は成り立つ。企業活動や消費生活から排出されたものは，リユースやリサイクル（再資源化）されたり，ガスや熱エネルギーに変換・回収されたりするが，プラスチック（プラごみ）のような回収不可能な製品は，環境に負荷を与えたまま存続する。

　森は，豊かな社会（豊富な商品）を担保する存在であることから，豊かな社会を維持するためには，豊かな森（資源）を保全し続けなければならない。「森林保全＝生活資源の保全」であり，「森を守る＝自らの命と生活を守る」ことである。荒廃した森では何も育てられないどころか，商品すら生まれない。商品が商品であるためには，市場の成立以前に，様々な資源をもたらす森の存在が不可欠なのである。

　ここでは，商品と社会との関係性をとおして，豊かな社会の根源（ルーツ）を辿っていった。これは言わば，商品と人との関係性をとおして，川下から川上へ，あるいはその逆方向を辿っていく，垂直的な商品研究のアプローチ（Vertical Approach）といえる。

4　商品をとおした相互監視社会

　第3節での議論とは別に,「人々は, 商品をとおしてどのような関係性を築いているのか」という, 水平的な視点で商品と社会との関係性を考えてみると, 異なる様相がみえてくる。

　最初に述べた「商品の学習を強いられる社会」とは, 移り変わりの激しい時代において, 技術革新にともなう商品と消費者（企業と社会）との関係変化と, それへの対応が余儀なくされている現代社会のありようをも意味する。デジタルツールの普及は, 人と人との関係性, とりわけコミュニケーションや商取引のあり方を大きく変えており, 我々は否応なく, それへの適応に迫られている。

　こうした社会の様相に対して,「商品と社会との関係性」という点から見れば, 現代は, 商品をとおして互いの生活行動を監視し, 承認し合う「相互監視社会（Coveillance Society)」といえる。ここでいう監視（Surveillance, Monitoring）とは, 人々の行動を警戒して見張るというよりも, 自身の準拠集団において, 構成員が発信するライフスタイルに関する情報を収集・評価することをいう。構成員らが, 互いのライフスタイルに関する情報の受発信をとおして, 互いを監視し合い, 承認し合う社会である。「相互監視社会」の概念自体は決して真新しいものではないが, 近年のデジタル・コミュニケーション・ツールの普及によって, それが顕著になっている。[11]

　程度の差こそあれ, 我々は, 様々な商品をとおして, 周囲の人々のライフスタイルに関する情報を収集・評価している。ファッションをとおして互いのセンスや価値観を受発信したり, 家や車をとおして互いのステイタス（社会的地位や収入）を推測したり, 釣りやゴルフなどの道具をとおして互いの趣味や生活行動を把握したりしながら, おしゃれな人, 裕福な人, 多趣味な人といった評価をしている。誰かのライフスタイルが高く承認（共感や賞賛）されればされるほど, それを真似る者, 競い合う者, 独自性を示そうとする者などが次々と出てくる。時に, 奇抜な生活行動は, 周囲から異端な存在とみなされ, 同調

圧力が働くことで，周囲から「逸脱」しない行動を心がける人々も現れる。これが消費社会の一面である。

　近年，SNS（ソーシャル・ネットワーキング・サービス）などのデジタル・コミュニケーション・ツールの普及によって，人々は，自身のライフスタイルだけでなく，食事や遊びのひととき，旅先でのスナップショットといった生活シーン（日々の出来事）も発信するようになった。それを見た人たちが共感や賛同のコメントを発することで，発信者は自己表現と自己承認の機会を得る。同様に，受信者たちも発信者となることで，それぞれの能力やセンス，生活の充実ぶりを意識的・無意識的に披露し合う「自己表現の競争」と，それを互いに認め合う「相互承認（自己承認の交換）」がSNS上で日々行われる。その手腕に長けた者（フォロイー）は，多くのフォロワーを有し，特定の生活領域において少なからぬ影響力をもつことから，企業のマーケティングに登用されることもある。フォロイーの提示する商品やライフスタイルは，フォロワーの賛同を得て，瞬く間にリアルな市場へと拡散していく。そうしたフォロイーに憧れ，その生活行動を真似たり，独自性を競ったりなどして，「自己表現の競争市場」に多くの人々が後を追うように参入し続けることで，自身のプライバシーさえも世間に晒しかねない「自己表現の競争」は延々と繰り広げられていく。

　このとき，自身の発したメッセージや映像が，多くの人々の興味や関心を集めれば集めるほど，その情報は世界中を駆け巡り，多くの人々から承認を得ることになる。それは一種の麻薬のような快刺激となったり，ときにプレッシャー（心理的圧迫感）となったりすることで，発信者は，次から次へと新しい情報や，新しい自分，人と違ったユニークな自分を表現しようと努力しつづける。フォロワーに飽きられれば，自己承認の機会は失われてしまうため，常にフォロワーの興味を引きつけるような情報を発信し続けなければならない。それは言わば，「自己表現の無限ループ」である。

　逆に，ひとたび「逸脱」した情報と判断されるや否や，多大な批判と社会的制裁を受けることになる。それは，行為の違法性だけではなく，政治，道徳，

宗教，性的指向など，様々な思想信条において，「平均的な基準から外れた道徳的に望ましくないもの」とみなされれば，世間の批判は容赦ない。そのため，一部の人々は，フォロワーを中心とする「見えない世間の目」から「逸脱」しないよう「見えないルール」を気にしながら情報発信をする一方で，仲間が「逸脱」していないかを意識的・無意識的に監視する。それは，スマートフォンのカメラとマイク，インターネットをとおして，互いの生活を監視・評価し合う関係である。

　ジョナサン・ハイト（Jonathan Haidt）は，ソーシャルメディアの発展にともなって，Web 上の口コミで情報が拡散（viral）していくことによる社会変化，即ち「バイラル・ダイナミクスの激化（the intensification of viral dynamics）」について，次のように述べている。

　初期のソーシャルメディアは，社会的紐帯の維持という，人々の永遠の目標を達成するための長い技術的進歩——郵便から電話，eメール，ショートメッセージへと至る技術の発展——のほんの一歩に過ぎなかった。初期のプラットフォームでは，ユーザーが投稿するコンテンツは時間の流れに沿って表示されるシンプルなタイムラインだった。だが，次第にユーザーたちは，自分たちの生活の詳細な出来事を見知らぬ他人や企業と共有することに心地よくなり，ソーシャルメディア上でのパフォーマンスとパーソナルブランディングに熟練していった。

　2009年以降，運営企業各社が「いいね」「リツイート」「シェア」といったクリックボタンを搭載し，ユーザーが誰かの投稿を公に推奨しつつ，他のフォロワー全員とそれを共有もできるようにした。これによって，2013年までにはソーシャルメディアは，以前とはまったく異なる新しいゲームへと変わっていった。スキルと運に恵まれれば，ほんの数日で「口コミで拡散（go viral）」され，「ネット上の有名人」になれる投稿ができるかも知れないし，失敗すれば，憎しみに満ちたコメントに埋もれるかも知れない。数千人もの見知らぬ他者のクリックによって，自身の投稿は名声にも侮辱にもつながるし，逆に，自分自身もこのゲームの何千ものクリックに寄与する。ユーザーは，自身の本当

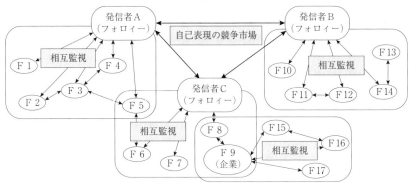

図終 - 5　相互監視社会の構図

（出所）筆者作成

　の好みによってではなく，過去の賞罰経験と，新しい行動のひとつひとつに対
する他者の反応への予測に左右される。

　こうした見解は，ソーシャルメディアの進展がもたらす関係性の変化と「相
互監視社会」の現状を的確に示している。先述した「商品の学習を強いられる
社会」とは，移り変わりの激しい経済社会のなかで，次々と登場する新商品
（技術革新）の使用方法やルールの学習に留まらず，様々な商品をとおして他者
のライフスタイルについても学習し，模倣と競争を繰り返しながら生きている
社会を意味する。

　他方，企業は，様々な人々が発信する情報をもとに，消費者の購買行動やラ
イフスタイルを分析し，マーケティング戦略に活用している。逆に，企業や行
政も多くのフォロワー（消費者市民）から監視されており，それぞれのフォロ
ワーがそれぞれの監視目線から，様々な情報（ネット上の口コミ）を発信する。
我々は，デジタル・コミュニケーション・ツールという商品をとおして様々な
人や組織とつながるだけでなく，互いを監視し承認し合う「相互監視社会」の
構成員として日々を過ごしているのである。こうした関係を示したのが図終 -
5 である。

　第 1 節では，「商品と社会との関係性を問う」ことの意義について述べた。
第 2 節では，その具体的な手法を示し，第 3 節では，商品と社会との関係性を

とおして，その根源へと至る垂直的なアプローチについて論じていった。第4節では水平的なアプローチから，商品をとおした人と人との関係性について考察していった。こうした視点とアプローチを駆使しながら現状と課題を論じていくことで，商品研究には様々な示唆がもたらされるだろう。

注

(1)　こうした考えは，システム思考のアプローチを参考にしている。システム思考とは，分析対象を複数の構成要素からなるシステムとしてとらえ，各要素がどのように相互に影響を与え合いながら，全体としてどのような機能を果たすのかを考えるアプローチである。システムの「構造（Structure）」が，システムの「振る舞い（Behavior）」を生み出し，振る舞いがシステムの「結果（Event）」を生み出すという思考にもとづく。Donella Meadows (2008), *Thinking in Systems A Primer*, Chelsea Green Publishing Co.（枝廣淳子訳『世界はシステムで動く——いま起きていることの本質をつかむ考え方』英治出版，2015年），David Peter Stroh (2015), *Systems Thinking for Social Change*, Chelsea Green Publishing Co.（小田理一郎監訳『社会変革のためのシステム思考実践ガイド——共に解決策を見出し，コレクティブ・インパクトを創造する』英治出版，2015年），湊宣明 (2016)『［実践］システム・シンキング　論理思考を超える問題解決のスキル』講談社。

(2)　Weblio　https://ejje.weblio.jp/content/straw（2023.08.17 アクセス）

(3)　WORLD ECONOMIC FORUM (2016), "The New Plastics Economy : Rethinking the future of plastics"　https://www3.weforum.org/docs/WEF_The_New_Plastics_Economy.pdf（2023.08.17 アクセス）

(4)　WWF, "YOURE PLASTIC DIET"　https://yourplasticdiet.org/?no_redirect 及び WWF, "NO PLASTIC IN NATURE : ASSESSING PLASTIC INGESTION FROM NATURE TO PEOPLE"　https://yourplasticdiet.org/wp-content/uploads/2019/06/PLASTIC-IGESTION-WEB-SPRDS.pdf 参照（ともに 2023.08.17 アクセス）

(5)　公益財団法人日本財団　https://ishikawa.uminohi.jp（2023.08.17 アクセス）

(6)　「いしかわの海——海を守る大麦ストロー」石川テレビ公式チャンネル　https://www.youtube.com/watch?v=zs8Nt3sjScA（2023.08.17 アクセス）

(7)　日本製紙株式会社　https://www.nipponpapergroup.com/products/paperstraw/（2023.08.17 アクセス）

(8)　「竹材ストロー」株式会社良品計画　https://www.muji.com/jp/ja/store/cmdty/detail/4550344242728（2023.08.17 アクセス）

(9)　「HAYAMI の草ストロー」合同会社 HAYAMI　https://www.hayamigrassstraw.com（2023.08.17 アクセス）

⑽ 「竹ストロー」株式会社ひろせプロダクト　https://hirose-products.jp/bamboostraw，及び「MYSTRO（陶磁器ストロー）」株式会社カネス　https://mystro.jp/（ともに2023.08.17アクセス）

⑾ 人々が相互に監視し合う社会については，Foucault, Michel（1975），*Surveiller et punir, Naissance de la prison*, Éditions Gallimard（田村俶訳『監獄の誕生——監視と処罰』新潮社，1977年）が挙げられる。飲茶（2019）『正義の教室』ダイヤモンド社では，スマートフォンの普及は，「市民の誰もが監視カメラと盗聴器をポケットに忍ばせ，しかもその情報をいつでも公の場に発信できる時代になった」として，フーコーの「監視社会から『相互監視社会』へ」の変化と，その社会構造（社会システム）自体は破壊不可能であることが指摘されている。

⑿ Haidt, Jonathan（2022），'WHY THE PAST 10 YEARS OF AMERICAN LIFE HAVE BEEN UNIQUELY STUPID', The Atlantic, May 2022 Issue　https://www.theatlantic.com/magazine/archive/2022/05/social-media-democracy-trust-babel/629369/（2023.08.19アクセス）

索　引

《著者紹介》

神原　理（かんばら・さとし）

1965年　生まれ。
1995年　兵庫県立大学大学院経営学研究科博士課程修了。
現　在　専修大学商学部マーケティング学科教授。
主　著　『ビジネス・サファリ——都市型フィールドワークの技法』（編著）白桃書房，2022年。
　　　　『サービス・マーケティング概論』（編著）ミネルヴァ書房，2019年。
　　　　『ソーシャル・ビジネスのティッピング・ポイント』（編著）白桃書房，2011年。

発見と気づきをもたらす
商品研究

2024年2月20日　初版第1刷発行　　　　　　　〈検印省略〉

定価はカバーに
表示しています

著　者　神　原　　　理
発行者　杉　田　啓　三
印刷者　坂　本　喜　杏

発行所　株式会社　ミネルヴァ書房
607-8494　京都市山科区日ノ岡堤谷町1
電話代表　075-581-5191
振替口座　01020-0-8076

© 神原理, 2024　　冨山房インターナショナル・坂井製本

ISBN 978-4-623-09698-5

Printed in Japan

神原 理 編著
サービス・マーケティング概論
A 5 ・244頁
本体2,800円

大浦裕二・佐藤和憲 編著
フードビジネス論
A 5 ・200頁
本体2,400円

徐誠敏・李美善 著
ブランド弱者の戦略
A 5 ・260頁
本体2,800円

フィリップ・コトラー他 著／松野 弘 監訳
コトラーのソーシャル・マーケティング
A 5 ・346頁
本体3,000円

井原久光 著
ケースで学ぶマーケティング［第2版］
A 5 ・320頁
本体3,200円

陶山計介・鈴木雄也・後藤こず恵 編著
よくわかる現代マーケティング
B 5 ・180頁
本体2,200円

大石芳裕 著
実践的グローバル・マーケティング
四六・268頁
本体2,000円

天野恵美子 著
子ども消費者へのマーケティング戦略
A 5 ・264頁
本体4,500円

齋藤雅通・佐久間英俊 編著
グローバル競争と流通・マーケティング
A 5 ・264頁
本体2,800円

目白大学経営学部・大学院経営学研究科 編
経営学の未来を考える
A 5 ・284頁
本体2,800円

――――― ミネルヴァ書房 ―――――
https://www.minervashobo.co.jp/